Roland Rink

Sachrechnen endlich verständlich!

Arbeitsblätter mit Lernvideos zur Differenzierung

Klasse 3 bis 4

Cornelsen

Der Autor:

Dr. Roland Rink ist Grundschullehrer für die Fächer Mathematik, Sport und ev. Religion. Nach einigen Jahren der Berufspraxis an Grundschulen ist er nun als wissenschaftlicher Mitarbeiter an der Universität Bremen in der Lehrerausbildung und -fortbildung im Fach Mathematik tätig.

Ein besonderer Dank geht an Hanno und alle Kinder, denen ich beim Sachrechnen zusehen und mit denen ich über ihre Gedanken und Lösungswege sprechen durfte.

Projektleitung: Maren Krüger, Berlin
Redaktion: Daniela Brunner, Korschenbroich
Umschlagkonzeption/-gestaltung: Corinna Babylon, Berlin
Umschlagillustrationen: Corinna Babylon, Berlin (Tablet, QR-Code); Petra Eimer (Schnecke); Hendrik Kranenberg (Kirchturm); Silke Voigt, Welver (Wanderer)
Illustrationen Innenteil: Corinna Babylon, Berlin (Layout-Tablet Seite 3 bis 27); Liliane Oser, Hamburg
Fotos/Screenshots/Videos: Roland Rink
Layout/technische Umsetzung: Compuscript Ireland and Chennai

HINWEIS WEBCODE
Wird in diesem Buch auf Webcodes verwiesen, können Sie Zusatzmaterialien im Internet abrufen. Sie finden dazu eine Buchstabenkombination hinten im Buch. Geben Sie diese unter www.cornelsen.de/codes ein, um zu den Materialien zu gelangen. Alle aufgeführten Systeme und Tools stellen nur Beispiele für die Unterrichtsgestaltung dar. Bitte stimmen Sie sich mit Ihrer Schulleitung dazu ab, welche Systeme oder Tools an Ihrer Schule im Rahmen der Unterrichtsgestaltung genutzt werden dürfen.

www.cornelsen.de

1. Auflage 2023

Druck: H. Heenemann, Berlin

ISBN 978-3-589-16917-7

PEFC/04-31-1156

PEFC zertifiziert
Dieses Produkt stammt aus nachhaltig bewirtschafteten Wäldern und kontrollierten Quellen.

www.pefc.de

INHALT

TEIL I: EINFÜHRUNG

Einleitung ... 5

1 Sachrechnen in der Grundschule ... 6

1.1 Sachrechnen als integriertes Modellieren und Problemlösen ... 7

2 Unterstützungsmaßnahmen beim Sachrechnen ... 13

2.1 Hilfen beim Verstehen von Sachaufgaben ... 14
2.2 Hilfen beim Modellieren und Rechnen ... 18
- ▶ Nutzen von Skizzen ... 18
- ▶ Nutzen von Tabellen ... 21
- ▶ Nutzen von Diagrammen ... 22

2.3 Hilfen beim Validieren ... 23

3 Wie kann es weitergehen? ... 24

Literatur ... 25

TEIL II: DIE KOPIERVORLAGEN

KV 1 **Die Ameise auf dem Quadrat** ... 28
Bewegungsaufgabe mit Skizze lösen

KV 2 **Die Schnecke im Brunnen** ... 30
Bewegungsaufgabe mit Skizze lösen

KV 3 **Die Wanderung** ... 32
Bewegungsaufgabe mit Pfeildiagramm lösen

KV 4 **Vater und Sohn** ... 34
Verteilaufgabe mit Tabelle lösen

KV 5 **Pferde und Fliegen im Stall** ... 36
Verteilaufgabe mit Tabelle lösen

KV 6 **Tiere auf dem Bauernhof** ... 38
Verteilaufgabe mit Tabelle lösen

KV 7 **Das zerschnittene Band** ... 40
Verteilaufgabe mit Skizze lösen

KV 8 **Der Kinderpunsch** ... 42
Verteilaufgabe mit Tabelle lösen

KV 9 **Die Schule Sonnenschein auf Wanderfahrt** ... 44
Verteilaufgabe mit Tabelle lösen

KV 10 **Jette steht an der Rutsche** ... 46
Bewegungsaufgabe mit Tabelle lösen

KV 11 **Ella und Sila treffen sich** ... 48
Bewegungsaufgabe mit Pfeildiagramm lösen

KV 12 **Weinflaschen** ... 50
Verteilaufgabe mit Skizze lösen

KV 13 **Geburtstagstorte mit Kerzen** ... 52
Verteilaufgabe mit einer Tabelle lösen

KV 14 **Abends auf dem Tennisplatz** ... 54
Verteilaufgabe mit einer Tabelle lösen

KV 15 **Telefonnummer gesucht!** ... 56
Kombinatorische Aufgabe mit Baumdiagramm lösen

KV 16 **Lenas neues Fahrrad** ... 58
Verteilaufgabe mit schriftlichen Verfahren lösen

KV 17 **Bonbons verteilen** ... 60
Verteilaufgabe mit Tabelle lösen

KV 18 **Der 400-m-Lauf** ... 62
Bewegungsaufgabe mit Pfeildiagramm lösen

KV 19 **Eine sonderbare Antwort** ... 64
Verteilaufgabe mit Rechendreieck lösen

KV 20 **Bücher im Bücherregal** ... 66
Verteilaufgabe mit Tabelle lösen

KV 21 **Hände schütteln** ... 68
Kombinatorische Aufgabe mit Skizze lösen

KV 22 **Der Wettlauf** ... 70
Bewegungsaufgabe mit Pfeildiagramm lösen

KV 23 **Zwei Züge** ... 72
Bewegungsaufgabe mit Pfeildiagramm lösen

KV 24 **Die seltsame Erbschaft** ... 74
Verteilaufgabe mit Tabelle lösen

KV 25 **Das Märchenbuch** ... 76
Verteilaufgabe mit Tabelle lösen

KV 26 **Der Teufel und der arme Mann** ... 78
Verteilaufgabe mit Tabelle lösen

KV 27 **Dornröschen und die Hecke** ... 80
Bewegungsaufgabe mit Tabelle lösen

KV 28 **Dornröschen und die Prinzen** ... 82
Verteilaufgabe mit Tabelle lösen

KV 29 **Die Bremer Stadtmusikanten** ... 84
Verteilaufgabe mit Skizze lösen

Lösungen zu den Sachaufgaben im Überblick ... 86

Übersicht über die Videos ... 87

EINLEITUNG

„Oh, nein, da rechne ich viel lieber richtige Aufgaben!“ – So war Hannos erste Reaktion auf die folgende Aufgabe:

Der Weg der kleinen Ameise auf dem Quadrat: Die Seite des Quadrates ist 200 Meter lang. Tagsüber legt die Ameise genau 200 Meter zurück. Aber in der Nacht bläst sie ein starker Wind die halbe Strecke, die sie während des Tages zurückgelegt hat, wieder zurück. Am Montagmorgen geht sie los. Sie läuft von A aus über B, C und D und wieder zurück zu A. Wann wird sie wieder in A ankommen?[1]

Hanno liest die Aufgabe und beginnt zu rechnen:

(Webcode: fiwifu)

Abb. 1: Hanno versucht, die Aufgabe zu lösen (QR Code scannen, um das Video betrachten zu können)

„800 Meter legt die Ameise zurück!“, antwortet Hanno. Mit Sicherheit kennen Sie solche Szenen auch aus Ihrem Unterricht. Die Schülerinnen und Schüler erfassen gar nicht, worum es in der Aufgabe geht und liefern daher eine Lösung, die nicht zur Fragestellung passt.

Gut, zugegeben, man kann einen solchen Aufgabentyp wie den hier vorgestellten kritisieren. Wenn ich mich mit Kolleginnen und Kolleginnen unterhalte, so wird immer wieder bemängelt, dass es sich bei der Ameisen-Aufgabe um eine sehr künstliche Aufgabe handelt. „Welche Ameise läuft schon auf einem Quadrat? Und wie kann es sein, dass der Wind jede Nacht so die Richtung wechselt, dass die Ameise immer genau eine halbe Quadratseitenlänge wieder zurück geweht wird?“ Aber diese Diskussion möchte ich hier gar nicht führen. Denn schaut man in unsere gängigen Mathematikschulbücher, die in der Grundschule zum Einsatz kommen, so finden wir immer wieder Aufgaben, die sehr künstlich gestaltet sind. Das Kernproblem liegt meines Erachtens auch woanders: Viele Schülerinnen und Schüler können sich kein Bild von einer Sachaufgabe machen, weil sie auf der sprachlichen Ebene scheitern. So ist der Text zur Ameisen-Aufgabe von der Satzstruktur recht komplex. Zudem setzt das Verstehen der Sachaufgabe auch mathematisches Begriffswissen voraus:

- Was ist ein Quadrat, wie sieht es aus und welche Eigenschaften hat es?
- Welche Rechenoperation muss mit der Aussage „die halbe Strecke“ verbunden werden?

Diese Fragen zeigen, dass das Lösen von Sachaufgaben ein sehr komplexer Prozess ist. Und zu Beginn jeder Lösung steht das Verstehen der Sachaufgabe. Muss also ein Unterstützungskonzept beim Sachrechnen an dieser Stelle ansetzen? Auf jeden Fall! Die Schülerinnen und

[1] Aufgabe aus Rasch 2003

Schüler müssen zunächst ein Bild von der Sachaufgabe in den Kopf bekommen. Aber damit ist es nicht getan. Denn die nächste Hürde steht schon bereit: Mit welchen mathematischen Mitteln soll ich die Aufgabe lösen? Und wenn ich eine Lösung habe; wie kann ich sicher gehen, dass das Ergebnis auch zur gesuchten Fragestellung passt?

Mit diesem Buch soll Ihnen eine praktische und schulalltagstaugliche Möglichkeit an die Hand gegeben werden, wie Sie Kinder (insbesondere die mit Leseschwierigkeiten) im Mathematikunterricht dabei unterstützen können, Sachaufgaben zu verstehen, sie bearbeiten und lösen zu können.

Das hier vorliegende Konzept der hybriden Arbeitsblätter bietet in diesem Zusammenhang die Möglichkeit, Sachaufgaben nicht nur mittels der schriftlich-symbolischen Monodarstellung als Text darzustellen, sondern auch auditiv mittels einer Vorlesefunktion via Ton sowie visuell mittels eines Videos. Auf diese Weise wird die Chance gesteigert, dass mehr Kinder zum eigentlichen Kern der Sachaufgabe vordringen und verstehen, worum es geht. Ebenso gibt es Unterstützungsangebote für das Lösen der Sachaufgabe auf den Arbeitsblättern.

1 SACHRECHNEN IN DER GRUNDSCHULE

Das Sachrechnen und der damit verbundene Einsatz von Sachaufgaben ist selbstverständlicher Gegenstand des Mathematikunterrichts. Greefrath stellt aber in diesem Zusammenhang fest: Es „wird häufig mit Inhalten der Grundschule oder mit eher ungeeigneten Textaufgaben zu Beginn der Sekundarstufe I in Verbindung gebracht. Der modernere Begriff ist das mathematische Modellieren" (Greefrath 2010, S. 1; m.s.a. Franke & Ruwisch 2010). Die Bedeutung des Modellierens für die mathematische Bildung wird dabei mit Blick auf die Bildungsstandards offenkundig, da Modellieren dort als eine prozessbezogene Kompetenz geführt wird (vgl. KMK 2022). Ist also Sachrechnen und **Modellieren** das Gleiche wie es das obige Zitat andeutet? Hier eine genaue Abgrenzung vorzunehmen ist leider nicht so leicht möglich. Das liegt zum einen daran, dass es für beide Begriffe so unendlich viele verschiedene Beschreibungen gibt. Zum anderen liegen Überschneidungen aufgrund der Ähnlichkeit in der Natur der Sache (vgl. Maaß 2018, S. 4).

Ein weiterer Umstand, der eine Abgrenzung nicht so einfach macht, ist der, dass hier noch ein weiterer Begriff involviert ist. Nämlich das **Problemlösen.** Beim Lösen mathematischer Probleme ist anders als beim Bearbeiten von mathematischen Routineaufgaben nicht von vornherein klar, mit welchen Mitteln das gegebene Problem gelöst werden kann.

Entsprechend stellen die Suche nach sinnvollen Lösungsansätzen und das Modifizieren, Verwerfen und Reflektieren bereits gefundener und nicht zielführender Ideen Bestandteile des mathematischen Problemlöseprozesses dar.

Beide Prozesse sollen nun mit Sicht auf das Sachrechnen in diesem Buch zusammengeführt werden. Dies ist möglich, weil den Phasen der Problemlöseprozesse die Phasen der mathematischen Modellierung zugeordnet werden können (u. a. Ruwisch 1999, S. 60 f.). Dabei muss aber deutlich unterschieden werden: *Jede Modellierungsaufgabe ist auch eine Problemaufgabe, da beispielsweise Problemlösestrategien zur Lösung der Aufgabe herangezogen werden können. Nicht jede Problemaufgabe ist aber eine Modellierungsaufgabe, da es beim Modellieren klar auf einen Bezug zur Realität ankommt. Und der ist nicht bei allen Problemaufgaben gegeben.*

Im Sinne einer möglichst klaren Verdeutlichung stehen in diesem Buch sogenannte *problemhaltige Sachaufgaben* (vgl. Winter 1992) im Zentrum, die je nach Grad der Realitätsnähe, ein Durchlaufen des Problemlöse- bzw. Modellierungskreislaufes oder zumindest einiger Teilschritte des Problemlöse- bzw. Modellierungskreislaufes erfordern. Dieser Aufgabentyp ist demnach eine besondere Teilmenge von Sachaufgaben, der in der Regel anspruchsvolle mathematische Strukturen zu Grunde liegen, die nicht selten so in Sachsituationen eingebettet sind, dass die den Kindern vertrauten Grundmodelle der Rechenoperationen nicht ohne Weiteres sichtbar bzw. nicht ohne Transferleistungen anzuwenden sind (vgl. Rasch 2001, S. 5). Sie sind nicht mit reinen Modellierungsaufgaben gleichzusetzen, da beispielsweise kaum authentische Realitätsbezüge vorliegen und das Treffen von Annahmen nicht zwingend notwendig ist.

Was diesen Aufgabentyp darüber hinaus noch so anspruchsvoll macht ist der Umstand, dass sie inhaltlich zwar durchaus an Situationen aus der Lebenswelt der Kinder anknüpfen („Auf einem Geburtstag wollen 5 Kinder mit den Gläsern anstoßen. Jedes Kind stößt mit den anderen Kindern einmal an"), aber auf der anderen Seite mathematische Zusammenhänge schildern, die für ein Kind ungewohnt sind und über die es erst nachdenken muss („Wie oft erklingen die Gläser?"). Auch sind sie nicht selten sprachlich recht anspruchsvoll und stellen somit insbesondere für leseschwache Schülerinnen und Schüler eine Herausforderung dar.

1.1 SACHRECHNEN ALS INTEGRIERTES MODELLIEREN UND PROBLEMLÖSEN

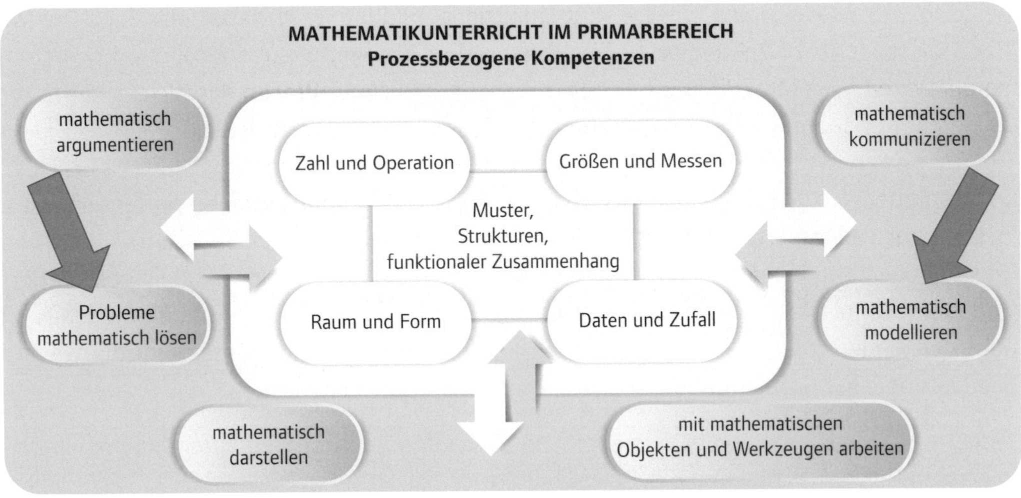

Abb. 2: Grafische Darstellung des Zusammenwirkens von prozessbezogenen und inhaltsbezogenen Kompetenzen

Sowohl Problemlösen als auch Modellieren bedeuten im schulischen Kontext, dass komplexe und alltagsnahe Probleme mithilfe der Mathematik als Werkzeug gelöst werden. Der grundlegende Gedanke dabei ist das Anwenden von Mathematik auf die Realität mithilfe eines Modells. In dem Zusammenhang ist ein Modell eine vereinfachte Darstellung des Sachverhaltes, die nur eine gewisse, für die jeweilige Fragestellung relevante Aspekte der Situation berücksichtigt. Maaß legt dar, dass nur unter Nutzung eines Modells Mathematik angewendet werden kann „weil die komplexe, nicht exakte oft unkalkulierbare Realität und die abstrakte, logische, sehr exakte und formale Mathematik nicht ohne Weiteres zusammenpassen" (Maaß 2011, S. 3). Ein solcher Lösungsprozess besteht aus mehreren Schritten, wie im Folgenden genauer dargestellt wird.

Schritt 1 – die Aufgabe verstehen

In der Mathematikdidaktik wurden in den vergangenen Jahrzehnten zahlreiche Modelle entwickelt, die idealtypische Verläufe beim Lösen von Sachaufgaben beschreiben (vgl. u. a. Blum & Leiss 2005; Eichler, Grassmann, Mirwald & Nitsch 2014; Franke 2007; Lorenz & Kaufmann 2008; Müller & Wittmann 1984; Verschaffel et al. 2000).

Obgleich diese verschiedenen Modelle gewiss unterschiedliche Schwerpunktsetzungen erkennen lassen und einzelne Schritte des Modellierungsprozesses teilweise detaillierter oder weniger detailliert ausführen, gleichen sie sich in vielen Aspekten: Ausnahmslos alle Modelle beschreiben das Verstehen des Aufgabentextes als ersten Schritt im Lösungsprozess. Eine Aufgabe muss zunächst inhaltlich verstanden werden, bevor der mathematische Kern einer Aufgabe herausgearbeitet werden kann.

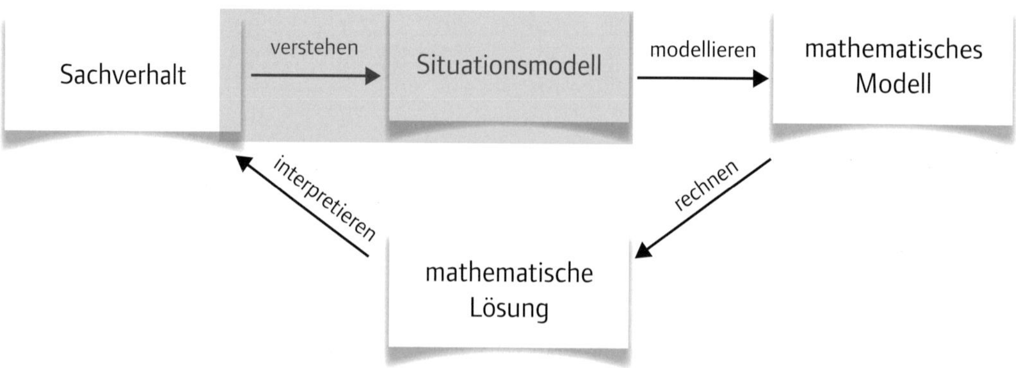

Abb. 3: Verstehen als erster Schritt beim Lösen eine Sachaufgabe (Lösungsprozess angelehnt an Grassmann et al. 2014)

Der Verstehensprozess beginnt dabei unmittelbar, nachdem eine Aufgabe präsentiert wird. Er kann nur gelingen, wenn die geschilderte Sachsituation bzw. der Sachverhalt mit ihren Informationen und fachlichen Strukturen gedanklich in einem Situationsmodell repräsentiert wird (vgl. Schnotz 1994). Das Situationsmodell ist also das Bild einer Aufgabe, welches im Kopf der Kinder entsteht. Gelingt dieser Schritt nicht oder nur teilweise, wird die weitere Bearbeitung einer Sachaufgabe erschwert, wenn nicht gar unmöglich.

Typische Schwierigkeiten beim Verstehen von Sachaufgaben bestehen unter anderem in den folgenden Punkten (vgl. Franke & Ruwisch 2010):

- Andere Interpretation des Textes aufgrund hoher Informationsdichte
- Andere Interpretation der zeitlichen Abfolge der beschriebenen Handlung
- Situation wird nicht mit einer konkreten Handlungsvorstellung verbunden

Darüber hinaus konnte die Forschung auch typische sprachliche Charakteristika in Sachtexten identifizieren, die den Verstehensprozess erschweren können. Dazu zählen unter anderem lange, seltene und abstrakte Wörter, komplexe Satzstrukturen, Attribute, Bezugswörter oder auch Passivkonstruktionen (vgl. Schilcher & Madlindl 2012; m. s. a. Niederhaus, Pöhler & Prediger 2015). Angesichts dieser Schwierigkeiten sind Unterstützungsangebote erforderlich – vor allem, aber nicht nur, für Kinder mit Leseschwierigkeiten.

Weiterhin muss der Sachverhalt mit adäquaten mathematischen Operationen in Beziehung gesetzt werden. Um ein passendes mathematisches Modell zu finden, ist demnach auch *Operationsverständnis* nötig. Folgende Aufgabe macht diesen Zusammenhang besonders schön deutlich:

Fünf Vögel haben Hunger. Sie finden 3 Würmer. Wie viele Vögel bekommen keinen Wurm?

Dieser Text ist syntaktisch und sprachlich sehr einfach. Es ist aber dennoch erforderlich, dass die Kinder die Situation erfassen und interpretieren können. Eine Interpretation wäre, dass von den fünf Vögeln drei je einen Wurm fressen und die übrigen keinen bekommen. Die Lösung zu dieser Interpretation der Aufgabe finden die Kinder dann z. B. durch Übersetzen der Situation in die Subtraktion 5 – 3 = 2. Es sind dazu aber auch andere Lösungswege denkbar, wie z. B. die Eins-zu-eins-Zuordnung zwischen Vögeln und Würmern mit (gedanklichem) „Wegstreichen" der drei Vogel-Wurm-Paare. Diese Aufgabe wird am Ende des ersten Schuljahres von über 90 % der Kinder richtig gelöst, bei einer kleinen Veränderung im Wortlaut des Aufgabentextes jedoch nur noch von etwa 25 %. Wie Hudson (1983) gezeigt hat, führt eine – scheinbar – geringfügige Veränderung in der Fragestellung in derselben Altersgruppe zu einem völlig anderen Ergebnis: Wenn die Frage lautet: „Wie viel mehr Vögel als Würmer gibt es?", lösen nur noch etwa 25 % der Kinder die Aufgabe richtig. Dieser gewaltige Unterschied wirkt auf Erwachsene irritierend, weil die Situation unverändert bleibt. Verursacht wird er durch die Art der Fragestellung: Bei der zuerst genannten Frage wird auf eine Handlung Bezug genommen. Jedenfalls können sich die Kinder in einer Handlungsfolge vorstellen, wie die Vögel die Würmer fressen, und so zur Lösung kommen. Dagegen erfordert es die zuletzt genannte Frage, Zahlen in Beziehung zu setzen: Wie viel sind x mehr als y? In den mentalen Bildern, die die Kinder zur Aufgabe aufbauen, müssen bei dieser Art der Fragestellung abstrakte Beziehungen zwischen Zahlen repräsentiert werden. Dies ist sehr viel schwieriger (und wird von weniger Kindern spontan geleistet) als die Repräsentation von Handlungen (vgl. Hasemann & Gasteiger 2020, S. 261).

Vermutlich sorgte ein Zusammenspiel verschiedener der hier genannten Faktoren dafür, dass Hanno bei der Ameisenaufgabe nur die Streckenlänge ermittelt und nicht, wie in der Aufgabe erfragt, den Wochentag, an dem die Ameise wieder in A ankommt.

Schritt 2 – ein mathematisches Modell aufbauen

Haben die Kinder verstanden, worum es in der Aufgabe geht, besteht der nächste Schritt darin, sich weiter der Lösung der Aufgabe zu nähern. Dazu müssen die Kinder ein mathematisches Modell aufbauen.

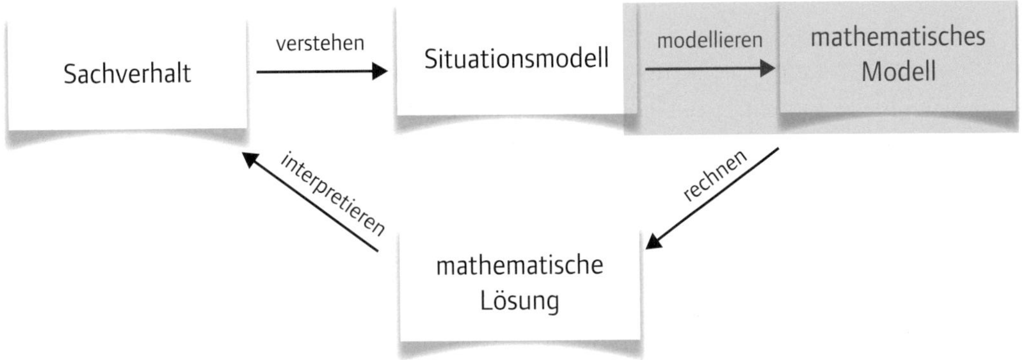

Abb. 4: Verstehen als erster Schritt beim Lösen eine Sachaufgabe (Lösungsprozess angelehnt an Grassmann et al. 2014)

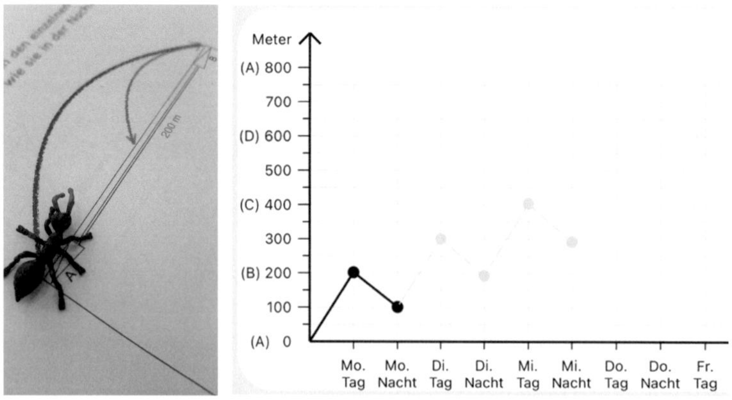

Abb. 5: Das mathematische Modell veranschaulicht in Skizze und Diagramm

Um dieses aufzubauen, müssen sie vom Situationsmodell weiter abstrahieren und idealisieren. An dieser Stelle des Lösungsprozesses findet die Übersetzung des Situationsmodells in die mathematische Sprache statt. Bezogen auf die Einstiegsaufgabe mit der Ameise bedeutet das, sich zu überlegen, welche Signalwörter auf welche Rechenoperationen hindeuten. „Tagsüber legt die Ameise genau 200 Meter zurück. Aber in der Nacht bläst sie ein starker Wind die halbe Strecke, die sie während des Tages zurückgelegt hat, wieder zurück." Übersetzt bedeutet die Aufgabe: „Am ersten Tag schafft die Ameise die Seite a des Quadrates. In der ersten Nacht wird sie um die Hälfte, also auf 100 Meter zurückgeweht. Am Dienstag startet sie auf der Hälfte der Seite a und schafft es bis zum Abend zur Hälfte der Seite b. Und so könnte man die Aufgabe bis zum Ende rechnen ..."

Sobald das mathematische Modell steht, ist die eigentliche kreative Leistung beim Lösen einer Sachaufgabe erbracht. Wobei man das nicht pauschalisieren kann. Denn gerade für leistungsstärkere Schülerinnen und Schüler gilt: „Versierte Problemlöserinnen und Problemlöser denken beim Mathematisieren darüber hinaus auch über die Bedingungen nach, unter denen die Verfahren und Verknüpfungen sinnvoll sind." (Franke & Ruwisch 2012, S. 76)

Ausgehend von dem Situationsmodell, welches sich Hanno Eingangs zur Ameisenaufgabe gemacht hat, kann man sagen, dass er das mathematische Modell korrekt gebildet hat. Denn wäre die Frage gewesen, „Welchen Umfang hat das Quadrat?", wäre er mit seinem Ansatz „Ich habe viermal 200 plus gerechnet!" ja auf dem richtigen Weg. Dieses Beispiel zeigt, dass die einzelnen Schritte im Lösungs- bzw. Modellierungsprozess sich fortlaufend bedingen. Ein fehlerhaftes oder unvollständiges Situationsmodell führt zu einem fehlerhaften mathematischen Modell und das wiederum zu einer fehlerhaften Lösung.

Schritt 3 – das Ermitteln der mathematischen Lösung

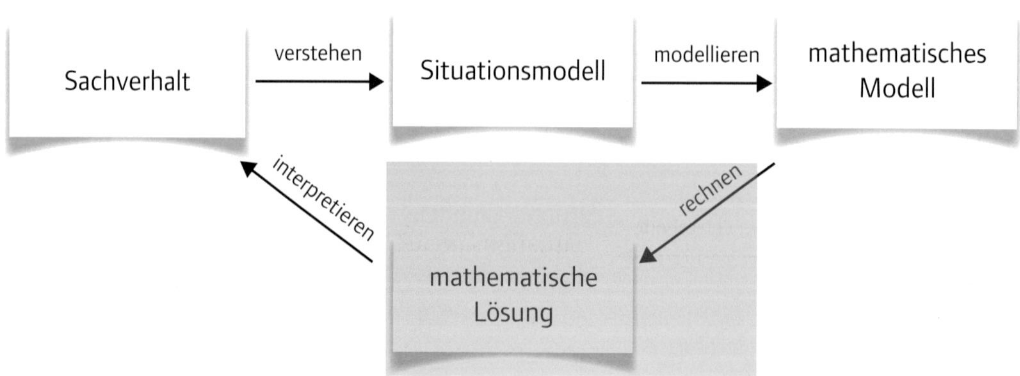

Abb. 6: Durch Rechnen zur Lösung der Sachaufgabe (Lösungsprozess angelehnt an Grassmann et al. 2014)

In diesem mathematischen Modell können nun heuristische Strategien und mathematische Algorithmen angewendet werden. Man erhält – im Idealfall – eine mathematische Lösung. Dabei liegt das große Potenzial in der hier vorgestellten Art von Sachaufgaben, dass sie nicht zwingend auf der arithmetischen Ebene berechnet werden müssen. Gerade eine Bewegungsaufgabe wie „Die Ameise auf dem Quadrat" kann auch auf der handelnden oder bildlichen Ebene, also mit der Hilfe von Skizzen gelöst werden. Bei anderen Arten von problemorientierten Sachaufgaben, die auch in diesem Buch zu finden sind, eignen sich hingegen eher Tabellen, um die Lösung zu ermitteln:

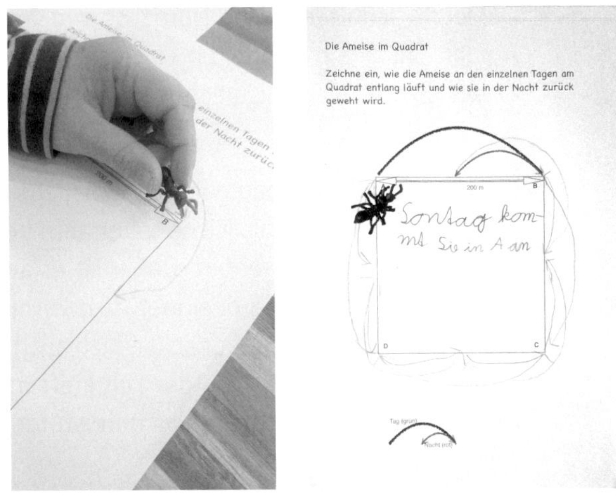

Abb. 7: Hanno löst die Aufgabe mithilfe einer Skizze

Ein Vater, der 51 Jahre alt ist, fragt seinen Sohn, der 19 Jahre alt ist: „Wie viele Jahre werden verfließen müssen, bis ich sagen kann, ich bin noch einmal so alt wie du?"

Bei wiederum anderen Aufgaben eignen sich eher Pfeilbilder und Diagramme.

Aber diese Hilfsmittel oder Werkzeuge setzen Kinder in der Regel nicht einfach von sich aus ein. Diese Kompetenz muss ihnen auch erst beigebracht werden. Dabei steht man als Lehrkraft immer wieder vor der Herausforderung abzuwägen, wie viel Einfluss man auf das Lösungsverhalten der Kinder nehmen möchte. Möchte man doch erreichen, dass die Kinder Eigenständigkeit beim Überlegen und Lösen erlernen. Damit dieser Spagat gelingt, soll das hier vorgestellte Konzept einen kleinen Beitrag leisten. Dazu mehr in Kapitel 3.

Vater und Sohn

Vater	Sohn
51	19
52	20
53	21
54	22
55	23
56	24
57	25
58	26
59	27
60	28
61	29
62	30
63	31
64	32

Abb. 8: Lösung mit Tabelle

Schritt 4 – das Interpretieren der mathematischen Lösung

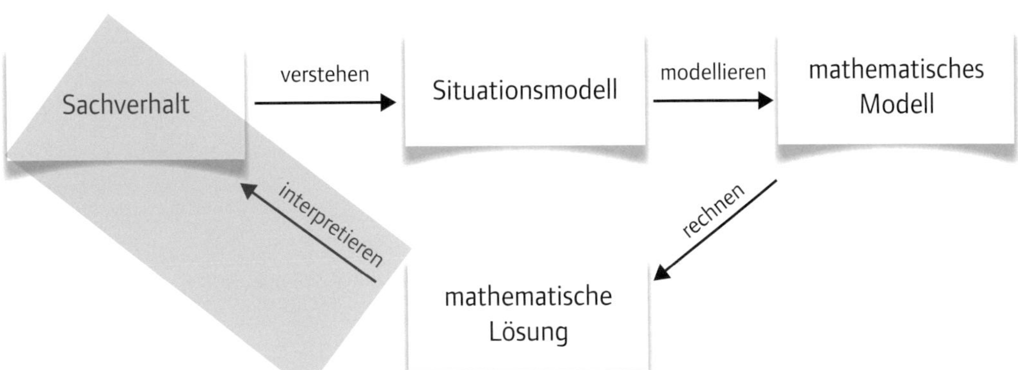

Abb. 9: Kann das Ergebnis stimmen? (Lösungsprozess angelehnt an Grassmann et al. 2014)

Der letzte Schritt im Lösungsprozess wird von vielen Kindern gerne weggelassen bzw. gilt die Aufgabe mit dem doppelten Unterstreichen des Ergebnisses oder der Formulierung eines Antwortsatzes meist als beendet. Dabei ist dieser letzte Schritt sehr typisch und wichtig für das Sachrechnen.

Die Lösung einer Sachaufgabe beruht meist auf Annahmen, die man während des Lösungsprozesses getroffen hat. Nicht selten mussten wichtige Werte geschätzt oder anders näherungsweise ermittelt werden. Daher ist es am Ende der Aufgabe wichtig zu reflektieren, ob eine gefundene Lösung geeignet ist oder nicht (vgl. Maaß 2011, S. 13). Aus dem übrigen Unterricht sind die Kinder es schließlich auch nicht gewohnt, ihre Ergebnisse zu hinterfragen; wird ihnen doch häufig von der Lehrkraft mitgeteilt, ob ein Ergebnis richtig ist oder nicht. Daher müssen Kinder auch hier unterstützt werden zu hinterfragen, ob ihr Ergebnis denn auch stimmen kann.

Abschließend sei noch angemerkt, dass die hier vorgestellte Kreislaufdarstellung des Lösens einer Sachaufgabe ein sehr vereinfachtes Schema ist, welches sicher nicht von allen Schülerinnen und Schülern wie ein Algorithmus durchlaufen wird. Sicherlich merken viele Kinder schon bei der Bildung des mathematischen Modells, dass sie vielleicht gar nicht über die mathematischen Kompetenzen des Modells verfügen. Oder es wird festgestellt, dass das Modell gar nicht geeignet ist, und man sucht schon nach neuen Möglichkeiten der Lösung. Es kommt also gar nicht zu einer Rechnung und vorläufigen mathematischen Lösung. Nichts desto trotz kann ein solches Modell nicht zuletzt für uns Lehrkräfte einen guten Orientierungsrahmen bieten, um den Kindern Unterstützungsmaßnahmen beim Sachrechnen anzubieten.

Wichtig ist zudem auch der Hinweis, dass man im Unterricht gezielt einzelne Schritte des Lösungsprozesses in den Blick nehmen kann. So kann sich eine Unterrichtseinheit ausschließlich mit dem Verstehen einer Sachaufgabe beschäftigen und in einer anderen Einheit könnte die Frage im Zentrum stehen, mit welchen grafischen Werkzeugen man eine Sachaufgabe gut bearbeiten könnte. Es muss also nicht immer um den kompletten Lösungsprozess gehen.

2 UNTERSTÜTZUNGSMAßNAHMEN BEIM SACHRECHNEN

Im Mathematikunterricht der Grundschule hat sich zur Lösung von Sachaufgaben über lange Zeit hinweg ein Verfahren etabliert, das als „Frage-Rechnung-Antwort-Schema" bekannt ist. Dieses schematische Vorgehen hat einerseits den Vorteil, dass den Kindern ein Gerüst an die Hand gegeben wird, mit dem sie an Sachaufgaben herangehen können. Andererseits ist eine Herangehensweise wie diese – gerade, wenn man berücksichtigt, dass Sachrechnen mehr ist als das Lösen von Routineaufgaben – nur bedingt hilfreich, und vor allem bei realen Problemen kann sie oftmals auch nicht zielführend sein. Allein die Frage zu finden, erweist sich häufig als problematisch, weil eine „echte" Sachsituation unter Umständen mehrere, vielleicht auch zueinander konkurrierende Fragestellungen aufwirft, wie das Beispiel „Wo ist das Geld her?" einer Schülerbearbeitung sehr schön zeigt (s. Abb. 10).

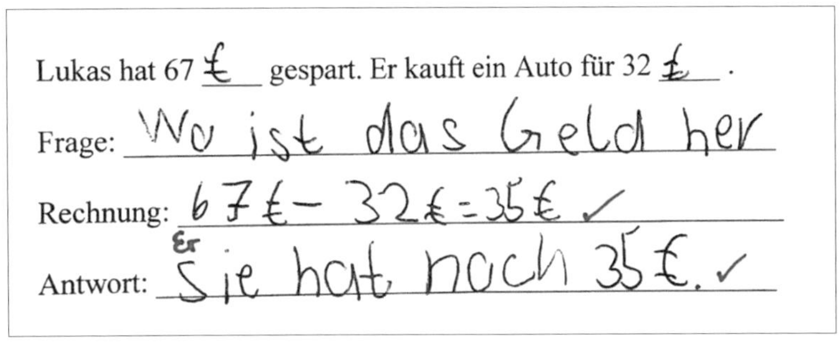
Lukas hat 67 € gespart. Er kauft ein Auto für 32 €.

Frage: Wo ist das Geld her

Rechnung: 67 € – 32 € = 35 € ✓

Antwort: Er Sie hat noch 35 €. ✓

Abb. 10: Auch eine sehr berechtigte Frage …

Das Lösen von Sachaufgaben kann man nicht nach einem starren Schema lernen – zu unterschiedlich sind die Inhalte und mathematischen Strukturen dieser Aufgaben. Dass es auch keinen Algorithmus für das Lösen von Sachaufgaben gibt, betont Schipper in folgendem Zitat: „Sachrechenkompetenz erwirbt man nicht nur durch Erlernen von Musterlösungen oder Schrittfolgen, sondern insbesondere durch beharrliches Üben im Problemlösen und Reflektieren über Lösungswege" (Schipper u. a. 2000, S. 231). Dennoch können den Kindern Möglichkeiten der Erschließung und Bearbeitung von Sachaufgaben vermittelt und einzelne Fertigkeiten, Techniken und Fähigkeiten mit ihnen gezielt trainiert werden. Über Kompetenz zum Lösen von Sachaufgaben zu verfügen, bedeutet in diesem Sinne, „Sachaufgaben unter Nutzung hilfreicher Methoden bzw. entsprechender Bearbeitungshilfen zielgerichtet zu bearbeiten und erfolgreich zu lösen", so auch Bongartz & Verboom (2012, S. 33).

Im vorherigen Abschnitt wurde ausführlich dargestellt, welche Schritte durchlaufen werden müssen, wenn Lernende eine Sachaufgabe lösen. Dabei stellen die Übergänge im Modell mögliche Hindernisse dar. Unterstützungsmaßnahmen können genau dort ansetzen.

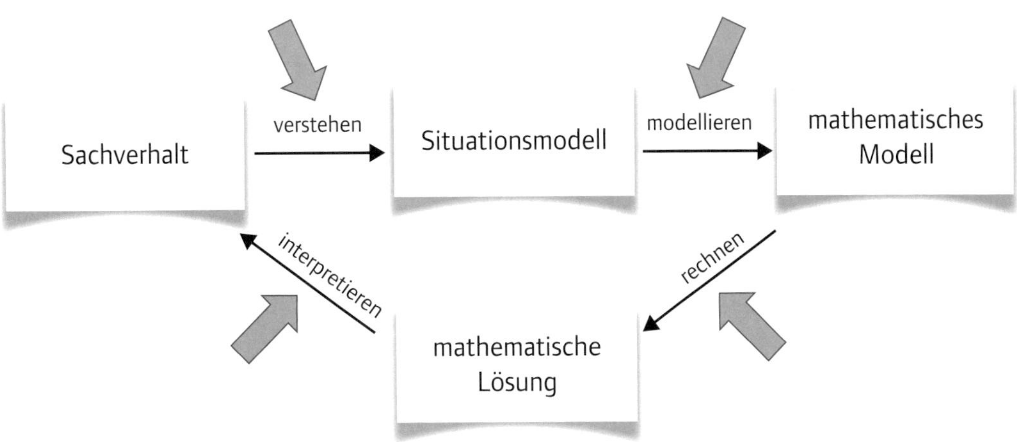

Abb. 11: Punkte zum Ansetzen von Unterstützungsmöglichkeiten

2.1 HILFEN BEIM VERSTEHEN VON SACHAUFGABEN

Dass Schülerinnen und Schüler ihre Lesekompetenz erhöhen, ist eine Aufgabe, die nicht nur den Mathematikunterricht betrifft. Prediger (2017) beschreibt zwei Strategien zum Umgang mit solchen Lernenden, die sprachliche Anforderungen im Mathematikunterricht (bislang) nicht erfüllen können:

- **Defensive Strategie**: Sprachliche Anforderungen werden derart gesenkt, bis eine Passung zu den Lernständen der Lernenden gegeben ist.
- **Offensive Strategie**: Lernende werden befähigt, sprachliche Anforderungen selbstständig zu bewältigen, wobei lediglich unnötige Hürden ausgeräumt werden.

Wenngleich die defensive Strategie in der Fachliteratur aufgrund einer allenfalls kurzfristigen Wirksamkeit und keiner nachhaltigen Befähigung zum verständnisbasierten Umgang mit Sachaufgaben kritisch gesehen wird (u. a. Wessel & Sprütten 2018), so hat der Ansatz durchaus seine Berechtigung, zumal er (kurzfristige) Teilhabe – auch bei fehlenden sprachlichen Voraussetzungen – herstellen kann. So konnte in einer Untersuchung bei leseschwachen Lernenden gezeigt werden, dass Lernende eher dann ein Situationsmodell zu einer Sachaufgabe generieren können, wenn ihnen durch eine Software alternative (etwa auditive und/oder ikonische) Darstellungen zur Verfügung standen (Walter & Rink 2020).

Da Lernende mit Schwierigkeiten bezogen auf die sprachlichen Anforderungen keineswegs ausschließlich mittels der defensiven Strategie gefördert werden sollten, sind Fördermaßnahmen gemäß der offensiven Strategie notwendig. Ohne sie werden die Lernenden stets versuchen, Wege zur Umschiffung sprachlicher Anforderungen zu suchen.

Digitale Lernangebote für den Mathematikunterricht der Grundschule, die zur Förderung von Lernenden mit sprachlichen Anforderungen ausgerichtet sind, adressieren jedoch (fast) ausschließlich die defensive Strategie, weswegen Anlass zur Entwicklung digital gestützter Konzepte gemäß dem offensiven Ansatz notwendig sind.

In der Literatur existieren zahlreiche Vorschläge dahingehend, wie Lernende (nicht-digital) mittels offensiver Strategien beim Verstehen von Sachaufgaben unterstützt werden können. Zur Texterschließung sollen die Kinder beispielsweise Wichtiges von Unwichtigem unterscheiden und Wesentliches hervorheben. Hier können sich Lesemethoden anbieten, wie das Markieren oder Unterstreichen von Textstellen, das Durchstreichen von Unwichtigem sowie die Notation bedeutungsvoller Informationen als Randnotizen (vgl. Bongartz & Verboom 2012). Bongartz & Verboom (2012, S. 23) schlagen außerdem vor, dass sich Kinder bei umfangreicheren Texten auf Stichwörter konzentrieren sollten, indem sie sich „über die Lesestrategie ‚Was weiß ich schon?', ‚Was möchte ich wissen?' bewusst werden und so die Fragestellung(en) einbeziehen. Häufig fällt es den Kindern leichter, wichtige Zahlen zu markieren oder als ‚Stichwort' herauszuschreiben als die für die Aufgabenlösung relevanten Wörter und Satzteile aufzuspüren". Hier sollte möglichst ein Bleistift (oder eine Folie mit einem abwaschbaren Folienstift) verwendet werden, so dass Korrekturen leichter vorgenommen werden können.

Weitere Maßnahmen, die sich bewährt haben, sind, Kinder Aussagen zum Aufgabentext prüfen zu lassen oder Fragen zum Text beantworten zu lassen. Denn dann sind diese Daten gleich für den Lösungsweg unmittelbar vorhanden. Es ist jedoch zu berücksichtigen, dass dieses Vorgehen einige Zeit in Anspruch nimmt und manche Kinder es auch als Alibi dafür nutzen, dass sie nicht zur Lösung kommen konnten, weil sie für das Herausschreiben so viel Zeit benötigt haben.

(Webcode: bemudi)

Abb. 12: Hanno prüft Aussagen auf ihre Richtigkeit. QR Code scannen, um sich das Video anzusehen

Wie das Video eindrücklich zeigt, bergen auch diese Hilfen gewisse Tücken. Die Aussage „Am Montagmorgen läuft die Ameise los" liest er erst dann korrekt, als er zum erneuten Lesen aufgefordert wird. Trotzdem bewertet er sie falsch. Aber in Kombination mit weiteren Hilfen gelingt es ihm dann doch, die Aufgabe weiter zu durchdringen.

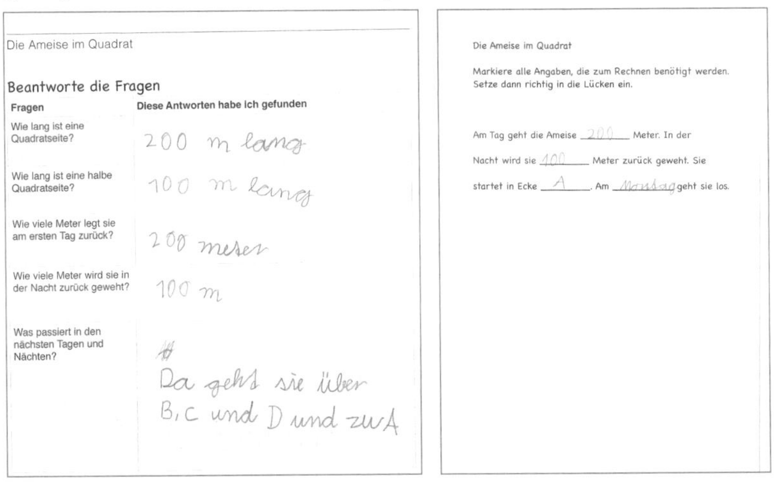

Die Ameise im Quadrat

Beantworte die Fragen

Fragen	Diese Antworten habe ich gefunden
Wie lang ist eine Quadratseite?	200 m lang
Wie lang ist eine halbe Quadratseite?	100 m lang
Wie viele Meter legt sie am ersten Tag zurück?	200 meter
Wie viele Meter wird sie in der Nacht zurück geweht?	100 m
Was passiert in den nächsten Tagen und Nächten?	Da geht sie über B, C und D und zu A

Die Ameise im Quadrat

Markiere alle Angaben, die zum Rechnen benötigt werden. Setze dann richtig in die Lücken ein.

Am Tag geht die Ameise 200 Meter. In der Nacht wird sie 100 Meter zurück geweht. Sie startet in Ecke A. Am Montag geht sie los.

Abb. 13: Weitere Hilfen zur Texterschließung

Ein Ansatz, der hingegen eher der defensiven Strategie zuzuordnen ist, wird im Projekt Sachrechnen 2.0[2] (Walter & Rink 2020) verfolgt. In diesem konnte gezeigt werden, dass eine auditive und visuelle Unterstützung (hier: das Vorlesen der Aufgabe durch eine Software mit entsprechend synchronisierter Animation) eine kurzfristige Unterstützung für den Aufbau des Situationsmodells – und damit für das Verstehen von Sachaufgaben – sein kann.

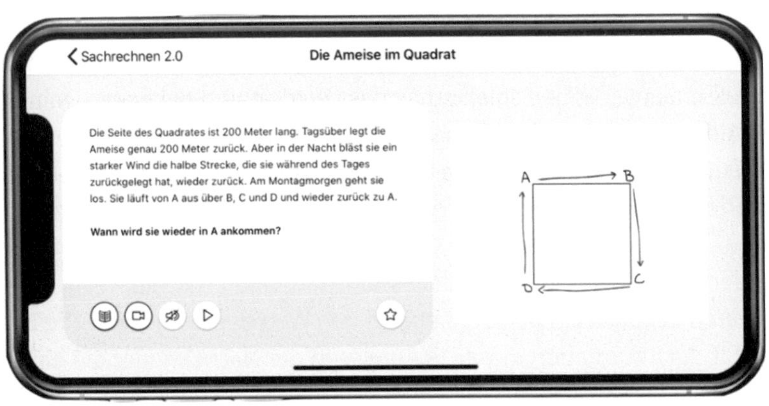

[2] https://apps.apple.com/de/app/sachrechnen-2-0/id1487619347 oder Suchbegriff „Sachrechnen 2.0"

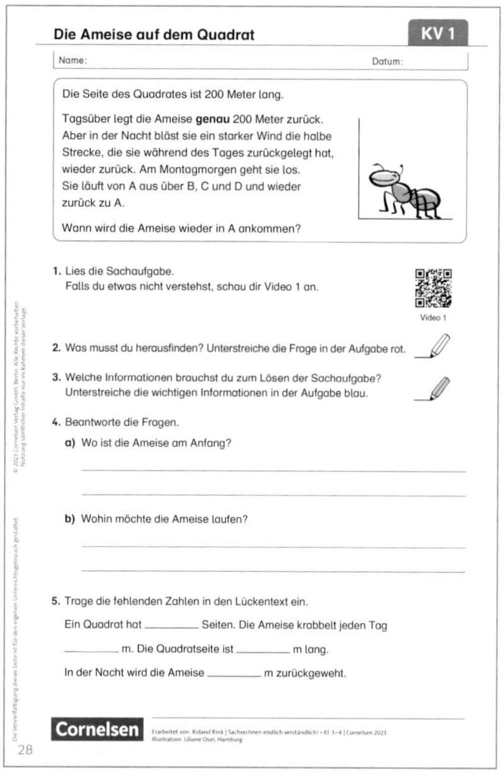

Die Ameise auf dem Quadrat KV 1

Name: Datum:

Die Seite des Quadrates ist 200 Meter lang.

Tagsüber legt die Ameise **genau** 200 Meter zurück. Aber in der Nacht bläst sie ein starker Wind die halbe Strecke, die sie während des Tages zurückgelegt hat, wieder zurück. Am Montagmorgen geht sie los. Sie läuft von A aus über B, C und D und wieder zurück zu A.

Wann wird die Ameise wieder in A ankommen?

1. Lies die Sachaufgabe.
   Falls du etwas nicht verstehst, schau dir Video 1 an.

   Video 1

2. Was musst du herausfinden? Unterstreiche die Frage in der Aufgabe rot.
3. Welche Informationen brauchst du zum Lösen der Sachaufgabe? Unterstreiche die wichtigen Informationen in der Aufgabe blau.
4. Beantworte die Fragen.
   a) Wo ist die Ameise am Anfang?
   b) Wohin möchte die Ameise laufen?
5. Trage die fehlenden Zahlen in den Lückentext ein.
   Ein Quadrat hat ______ Seiten. Die Ameise krabbelt jeden Tag ______ m. Die Quadratseite ist ______ m lang.
   In der Nacht wird die Ameise ______ m zurückgeweht.

© 2023 Cornelsen Verlag GmbH, Berlin. Alle Rechte vorbehalten. Nutzung sämtlicher Inhalte nur im Rahmen dieser Vorlage.
Die Vervielfältigung dieser Seite ist für den eigenen Unterrichtsgebrauch gestattet.

Cornelsen Erarbeitet von: Roland Rink | Sachrechnen endlich verständlich! • Kl. 3–4 | Cornelsen 2023
Illustration: Liliane Oser, Hamburg

28

Abb. 14: Beispiel Arbeitsblatt aus diesem Band

Für die Erstellung der hybriden Arbeitsblätter in diesem Band wurden diese beiden Ansätze zusammengeführt (siehe Abb. 14). Den Vorschlägen von Bongartz und Verboom (2012) folgend, sollen sich die Lernenden in den Aufgaben 1 bis 5 mit dem Sachverhalt im Sinne der offensiven Strategie auseinandersetzen. Als Option besteht die Möglichkeit, sich die Aufgabe als Animation darstellen (Video 1) und den Aufgabentext vorlesen zu lassen (defensive Strategie). Dazu müssen die Kinder den auf dem Arbeitsblatt notierten QR-Code mit einem digitalen Endgerät erfassen.

Die Erprobungen im Vorwege haben gezeigt, dass diese Angebote vielen Schülerinnen und Schülern einen Zugang zur Sachaufgabe verschafft haben, den sie ohne diese Unterstützung nicht erreicht hätten (vgl. Habermann & Parfenowa 2023, S. 126 ff.).

Wie kann man nun nachprüfen, dass ein Schüler oder eine Schülerin ein tragfähiges Situationsmodell aufgebaut hat? Nun, das ist nicht ganz so einfach zu bewerkstelligen, da man ja nicht in die Köpfe der Kinder „hineinsehen" kann. Aber man kann sie bitten „herauszuholen" was in ihren Köpfen gleichsam „drin" ist. Dazu reicht schon die einfache Frage: „Wie würdest du einem Kind, das die Aufgabe nicht kennt, erklären, worum es in der Aufgabe geht? Du kannst auch ein Bild dazu malen."

Zeichnung Kind A (Klasse 3) Zeichnung von Kind B (Klasse 4) Zeichnung von Kind C (Klasse 4)

Abb. 15: Beispiele für Vorstellungen von Kindern zur Ameisenaufgabe

Diese Bilder offenbaren unglaublich viel von dem, was Kinder von einer Aufgabe verstanden haben und was nicht. Bei Kind A kann man erkennen, dass die Ameise fast die 100 Meter erreicht hat. Es hat also den Teil der Aufgabe „die Hälfte des Weges" richtig deuten können. Auch den Wind als Verursacher für das „Zurückwehen" hat es eingezeichnet. Viele weitere wichtige Elemente, wie beispielsweise das Quadrat und die Ecken, fehlen allerdings. Bei Kind B wiederum kann man die Punkte mit gutem Willen als Ecken deuten. Die Pfeile deuten den Weg an, den die Ameise am Tag zurücklegt; der kleine senkrechte Strich in der Mitte jedes Pfeils ist wahrscheinlich die Hälfte der Strecke, zu der die Ameise wieder zurückgeweht wird. Aber auch hier ist kein Quadrat erkennbar und es bleibt fraglich, ob die Zielsetzung der Aufgabe deutlich wurde. Kind C hingegen hat hier recht eindeutig ein Quadrat mit seinen Eckpunkten gezeichnet und den Weg der Ameise mit Pfeilen angedeutet. Allerdings fehlt die Information, dass die Ameise in der Nacht wieder die halbe Strecke zurückgeweht wird.

Letztendliche Gewissheit darüber, welche Elemente einer Aufgabe verstanden worden sind und welche nicht, ergibt sich aus einem anschließenden Gespräch mit dem Kind. In einer Klassensituation hat sich an dieser Stelle des Bearbeitungsprozesses ein Galerierundgang als sehr sinnvoll erwiesen. So konnte jedes Kind zu seiner Bearbeitung Stellung nehmen und die anderen Kinder konnten entsprechend hilfreiche Ergänzungen geben.

(Webcode: xocufa)

Abb. 16: Hanno erklärt, worum es in der Aufgabe geht. QR Code scannen, um sich das Video anzusehen

Im Beispiel von Hanno wird ersichtlich, wie gut er die Hilfen zum Verstehen der Aufgabe angenommen hat. Seine Erklärung enthält alle wichtigen Informationen, die zum Aufbau eines vollständigen Situationsmodells notwendig sind. Zudem wird an der Art seiner Darstellung deutlich, dass es von nun an kein so großer Schritt mehr hin zum Aufbau eines passenden mathematischen Modells und zur Lösung ist. Die Grenzen zwischen mathematischem Modell und Situationsmodell können fließend sein.

Abschließend soll hier noch das ‚Fragenstellen' als weitere Möglichkeit zum Verstehen der Sachaufgabe aufgeführt werden. Fragen zu formulieren, aber auch Fragen zu verstehen, müssen manche Kinder allerdings erst lernen. Wenn zu einer Sachaufgabe noch keine Frage(n) vorgegeben oder mehrere Fragen möglich sind, muss zunächst entschieden werden, ob alle Fragen zugelassen werden oder nur diejenigen, die auch mit den Informationen aus der Aufgabe beantwortet werden können. Kinder stellen häufig auch Fragen, die sie einfach interessieren. Manche dieser Fragen können aber mit den Informationen der Aufgabe gar nicht beantwortet werden. Darüber ist mit den Kindern zu sprechen (vgl. Klunter et al. 2014, S. 16).

Exkurs: Warum digitale Medien und Sachrechnen?

Wie die hier genannten Schwierigkeiten beim Verstehen einer Sachaufgabe überwunden und Kinder beim Aufbau eines Situationsmodells potenziell unterstützt werden können, ist bisweilen wenig erforscht. Theorien multimedialen Lernens können im Verbund mit dem Einsatz digitaler Medien vielversprechende Lösungsansätze bieten.

Eine Theorie, die für das hier beschriebene Forschungsvorhaben als theoretischer Hintergrund herangezogen wurde, ist die Cognitive Load Theory (CLT) (vgl. Chandler & Sweller 1991). Diese geht von einer begrenzten Kapazität des Arbeitsgedächtnisses aus (vgl. Baddeley 1992) und beschreibt drei verschiedene Arten kognitiver Beanspruchung (die sog. Loads), die in ihrer Addition die kognitive Belastung ergeben (vgl. Sweller, van Merrienboër & Paas 1998):

- **Intrinsic Load** beschreibt die kognitive Beanspruchung, die aus dem zu lernenden Inhalt resultiert und für ein Subjekt zu einem bestimmten Zeitpunkt nicht veränderbar ist, da das individuelle Vorwissen von Lernenden bestimmt, wie stark die Beanspruchung ausgeprägt ist.
- **Extraneous Load** stellt eine kognitive Beanspruchung dar, die nicht lernförderlich ist. Je besser die Darstellung einer Aufgabe erfolgt (bspw. durch leicht zugängliche Darstellungen

sowie der Reduzierung aufgabenirrelevanter Aspekte) um so geringer fällt der Extraneous Load aus.

- **Germane Load** meint die für den individuellen Wissenserwerb anfallende kognitive Beanspruchung. Diese sollte möglichst hoch sein, damit die Entwicklung kognitiver Strukturen unterstützt wird.

Im Sinne der CLT erscheint ein günstiges Zusammenspiel – d. h. ein möglichst niedriger *Extraneous Load* bei möglichst hohem *Germane Load* – notwendig (vgl. Huhmann 2013). Bezogen auf das Verstehen von Sachaufgaben kann dies idealerweise durch eine – den Lernenden möglichst einfach zugängliche – Aufgabendarstellung erreicht werden. Forschungsbefunde, die sich der Frage widmen, wie eine solche Aufgabendarstellung gestaltet sein kann, liegen vereinzelt vor. So zeigen einige mathematikdidaktische Studien, dass das computerbasierte Vorlesen einer Aufgabe (auch „read-aloud"-Methode, vgl. Helwig, Rozek-Tedesco & Tindal 2002, bzw. Text-to-Speech Funktion, vgl. Rezat 2019, genannt) Kinder bei der nachfolgenden Bearbeitung und Lösung teilweise besser unterstützt als es bei der traditionellen Darstellung in reiner Textform der Fall ist (vgl. Elbaum 2007; Helwig, Rozek-Tedesco & Tindal 2003; Peltenburg, van den Heuvel-Panhuizen & Doig 2009; Peltenburg, van den Heuvel-Panhuizen & Robitzsch 2010; Rink 2015).

Auf der Suche nach möglichen Ursachen konstatieren Bottge und Kollegen: „The visual and auditory format of the video eliminates the need to read and comprehend text, a potential barrier for many students who have difficulties in math *and* reading". (Bottge et al. 2009, S. 530)

Gleichwohl soll aber auch nicht vernachlässigt werden, dass andere Studien keine bzw. kaum Unterschiede nachweisen konnten und die Vorlesefunktion traditionellen Aufgabendarstellungen somit nicht per se überlegen zu sein scheint (vgl. Bottge et al. 2009; van den Heuvel-Panhuizen & Peltenburg 2011). Die Forschungslage ist somit nicht eindeutig. Zudem wurde der Einfluss von Videos, die eine jeweilige Aufgabe repräsentieren, auf den Bearbeitungs- und Lösungsprozess bisher offenbar kaum untersucht.

2.2 HILFEN BEIM MODELLIEREN UND RECHNEN

Nutzen von Skizzen

Geht es beim Verstehen der Sachaufgaben eher um das Wahrnehmen der Situation, so muss bei der Modellbildung die Problemstruktur der Aufgabe durchdrungen werden. Skizzen eignen sich in besonderem Maße, um den mathematischen Kern von Aufgaben darzustellen. Skizzieren ist in der Regel ein Freihandzeichnen ohne Anspruch auf Maßstäblichkeit.

Gleichwohl sollen wesentliche Informationen des Dargestellten (z. B. Lagebeziehungen, Bezeichnungen, Sichtbarkeit) sachgerecht widergespiegelt werden. Die Bedeutung des Skizzierens, vor allem auch im Sinne einer „Handskizze", ist nicht gering zu schätzen. Skizzen unterstützen im besonderen Maße das Zusammentragen und Ordnen

> **Zur Bedeutung von Material**
>
> Manchen Kindern fällt es in den ersten Schuljahren wesentlich leichter, eine Lösung zu finden, wenn sie Material als Hilfsmittel nutzen dürfen.
>
> Gerade wenn es um Anzahlen geht, können Stäbchen, Steine, Murmeln, Knöpfe etc. eine wesentliche Hilfe sein. Das Zahlenmaterial ist zu diesem Zeitpunkt klein genug. Es geht darum, dass die Kinder mit diesem Material ihre fehlenden Vorstellungen schrittweise weiterentwickeln und auch eine Ablösung vom Zählen erreichen.

wesentlicher Informationen, fordern und entwickeln das Vorstellungsvermögen und tragen so zum Finden von Lösungsideen bei, beispielsweise indem Zusammenhänge zwischen den beteiligten Größen deutlich bzw. verdeutlicht werden. Dem nicht selten auftretenden Einwand, dass freihändige Skizzen nicht „ordentlich" genug seien oder zu wenig brauchbaren Darstellungen führen, ist mit dem Hinweis darauf zu begegnen, dass auch die Fähigkeit des Skizzierens im Mathematikunterricht zunächst erworben werden muss. Es wird daher in der Literatur immer wieder empfohlen, das Anfertigen von und Umgehen mit Skizzen im Unterricht kontinuierlich zu üben. Dabei geht es anfangs möglicherweise auch um handwerklich-praktische Aspekte, zugleich sollten aber zusätzlich gedanklich-theoretische Aspekte in den Blick genommen werden (vgl. Eichler 2014). Denn Ergebnisse aus Interventionsstudien lassen darauf schließen, dass das Wissen über Skizzen und die Fähigkeit zur Erstellung qualitativ guter Skizzen einen Einfluss auf die Leistung der Schülerinnen und Schüler hat. Zudem scheint die Art der erstellten Skizze ein wichtiger Einflussfaktor zu sein (vgl. Rellensmann et al. 2015).

Zur Beschreibung von Skizzen im Kontext von Sachaufgaben nimmt Ott (2016) die Darstellung der mathematischen Struktur, die mathematische Passung der Darstellung und deren Abstraktionsgrad in den Blick, wobei diese Aspekte nicht vollständig unabhängig voneinander sind. In Bezug auf die mathematische Struktur lässt sich zwischen textfernen Darstellungen, rein illustrativen Zeichnungen, objektbezogenen Skizzen – die zwar strukturrelevante Objekte umfassen, jedoch nicht deren Verknüpfungen – und diagrammatischen Darstellungen unterscheiden.

Letztere lassen neben den Objekten auch relevante Verknüpfungen implizit oder explizit erkennen. Insbesondere die diagrammatischen Darstellungen können beim Sachrechnen hilfreich sein, wenn sie zur Aufgabensituation insoweit passen, als sie alle beteiligten Größen (Maßzahlen, Einheiten) und deren Verknüpfungen umfassen. Mit dem Abstraktionsgrad kann zusätzlich erfasst werden, wie stark sich die Kinder in ihren Skizzen auf die mathematisch wesentlichen Einzelheiten beschränken (vgl. Ott 2016).

Nach Winter (1997) ist das Erstellen einer grafischen Bearbeitungshilfe nicht trivial, sondern „vielmehr Resultat angestrengter geistiger Arbeit" (S. 57). In der didaktischen Literatur werden verschiedene Unterrichtsmaßnahmen vorgeschlagen, um die Kinder zur Nutzung grafischer Bearbeitungshilfen im Lösungsprozess zu befähigen und damit gezielt Sachrechenkompetenz aufzubauen. Franke & Ruwisch bringen das auf den Punkt: „In konkreten Übungen können die Schüler und Schülerinnen aufgefordert werden, eine bestimmte Darstellungsform zu verwenden, bis sie damit so vertraut sind, dass sie sie als Denkobjekt verfügbar haben. Beim Lösen von Aufgaben sollen die Kinder jedoch dann selbst entscheiden, ob sie eine Tabelle oder Skizze nutzen möchten." (Franke & Ruwisch 2010, S. 154)

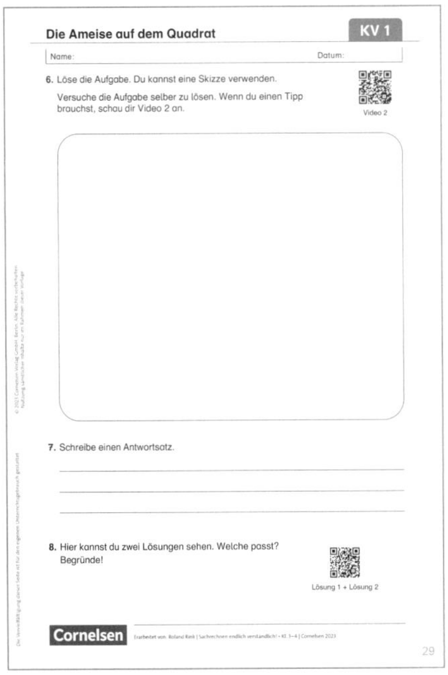
Die Ameise auf dem Quadrat KV 1

Name: Datum:

6. Löse die Aufgabe. Du kannst eine Skizze verwenden.
Versuche die Aufgabe selber zu lösen. Wenn du einen Tipp brauchst, schau dir Video 2 an.

Video 2

7. Schreibe einen Antwortsatz.

8. Hier kannst du zwei Lösungen sehen. Welche passt? Begründe!

Lösung 1 + Lösung 2

Cornelsen

29

Abb. 17: Beispielhafte Seite aus den Kopiervorlagen dieses Bandes

Viele der in diesem Buch eingebrachten Sachaufgaben lassen sich mithilfe von Skizzen lösen. Falls zum Lösungsansatz noch Impulse fehlen, können sich Lernende im Sinne des defensiven Ansatzes bei Bedarf ein kurzes Video ansehen (vgl. Abb. 17).

Es wäre hilfreich, wenn parallel im Unterricht kurz darüber gesprochen wird, was eine Skizze ausmacht. Dazu sollten folgende Punkte mit den Kindern besprochen werden:

- Eine Skizze ist eine einfache Zeichnung.
- Eine Skizze veranschaulicht die Sachsituation.

- Eine Skizze zeigt mathematische Zusammenhänge.
- Eine Skizze enthält Werte und Zahlen.

Eine Skizze ist somit kein einfaches buntes Bild, das zu einer Matheaufgabe passt, sondern ein recht mächtiges Werkzeug zum Lösen von Sachaufgaben. Im Projekt PIKAS digi[3] gibt es zum Thema *Sachaufgaben mit Skizzen lösen* eine gute Themenseite. Damit verbunden sind kurze Lern- bzw. Erklärvideos die verdeutlichen, was eine gute Skizze ausmacht und wie man mit einer Skizze arbeitet. Auch gibt es dort entsprechendes kostenloses Arbeitsmaterial zum Download, so dass man Gelerntes auch gleich in Anwendung bringen kann.

Abschließend sei hier noch auf zwei Maßnahmen hingewiesen, mit denen der Umgang mit Skizzen von den Kindern intensiver geübt werden kann.

Welche Skizze passt? Als spannender Ausgangspunkt für Diskussionen lohnt es sich, den Kindern mehrere Skizzen zu einer Sachsituation anzubieten. Dabei soll eine passend und die anderen unpassend sein. Die Kinder sollen entscheiden und begründen, welche Skizze zur Aufgabe passt.

BEISPIEL: Clara fährt ihre Tante besuchen. Sie startet um 8:45 Uhr und fährt 25 Minuten mit dem Bus, bis sie bei ihr ankommt. Dann gehen beide etwa 5 Kilometer spazieren. Dies dauert eine Stunde und 20 Minuten. Am Ende gehen sie noch ein Eis essen bis 14:30 Uhr. Dann macht Clara sich auf den Rückweg. Um 15:55 Uhr sind sie zurück. Wie lange hat der Rückweg gedauert?

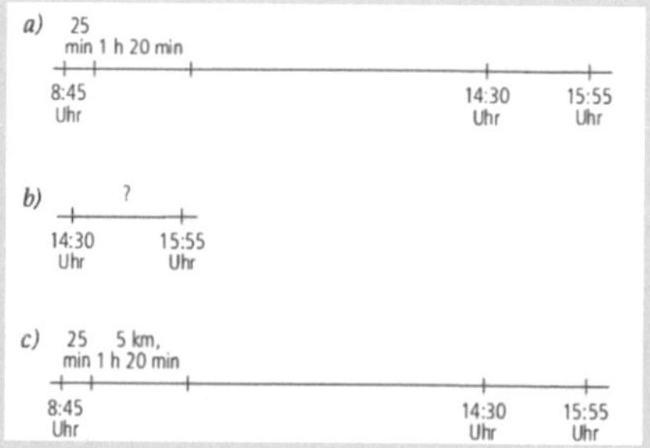

Abb. 18: Welche Skizze passt?

In der ersten Skizze werden alle Informationen der Sachaufgabe richtig verarbeitet. Damit ist die Skizze zu akzeptieren, auch wenn man feststellen kann, dass hier mehr angegeben wurde, als zum Lösen der Aufgabe notwendig ist. (Die Skizze passt aber zur Aufgabe.) Das werden sicher einige Kinder selbst herausfinden. Die zweite Skizze enthält alle zur Lösung der Aufgabe notwendigen Informationen und passt damit zur Aufgabe. Dies ist vielleicht auch die Skizze, die man sich wünschen würde. Die dritte Skizze enthält alle Größenangaben der Aufgabe, aber die Kilometerangabe passt nicht zu den Zeitangaben in der Skizze.

Denke dir eine passende Sachaufgabe zu der Skizze aus! Schwieriger ist es, zu einer Skizze, die mathematische Zusammenhänge darstellt, eine Sachaufgabe zu formulieren. Hier bestehen weniger Freiheiten als z.B. bei der Vorgabe eines Bildes. Die Skizzen können sich aber sowohl bezüglich der Komplexität der Aufgabenstruktur als auch in den zur Lösung der Aufgaben nötigen Rechenoperationen unterscheiden.

BEISPIEL:

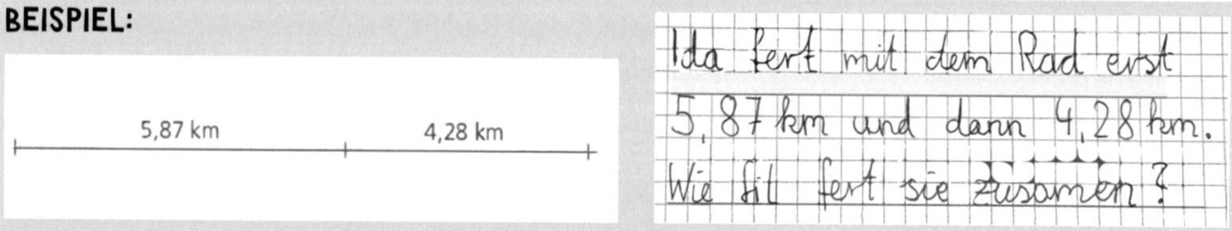

Abb. 19: Denke dir eine passende Sachaufgabe zur Skizze aus!

[3] https://pikas-digi.dzlm.de/node/120

Nutzen von Tabellen

Neben Skizzen bergen auch Tabellen ein großes Potenzial bei der Lösung von Sachaufgaben (Franke & Ruwisch 2010, S. 150–154; Fricke 1987, S. 75–88).

Sie ermöglichen den Schülerinnen und Schülern, gegebene Informationen zu sammeln, zu fokussieren, selektiert und geordnet darzustellen, zu strukturieren, aber auch zueinander in Beziehung zu setzen und gegenüberzustellen. Dabei können mit dem Fokus auf die Spalten horizontale Beziehungen zwischen zwei Größen, mit dem Fokus auf die Zeilen vertikale Beziehungen innerhalb der Größen sprachentlastend erkundet und dargestellt werden. Funktionale Zusammenhänge lassen sich mithilfe geeigneter Tabellen bereits von Grundschulkindern aufspüren und erschließen (Franke & Ruwisch 2010, S. 152; Fricke 1987, S. 84; Wälti 2009, S. 34–36).

Ihre Struktur und ihre damit einhergehende Übersichtlichkeit in der Darstellung der Daten, machen Tabellen insbesondere für eine Annäherung an die Lösung in Form einer Auflistung absolvierter Suchprozesse attraktiv. Tabellen können sowohl durch systematisches als auch intuitives Probieren den Weg zu vollständiger Einsicht in die Lösung einer Sachaufgabe ebnen (Franke & Ruwisch 2010, S. 153; Fricke 1987, S. 79–84). Eine übersichtliche, strukturierte Darbietung kann somit fortschreitend genutzt werden, um die Lösung direkt abzulesen (z. B. Düll 2009b, S. 121) oder auch Rechnungen anzubahnen (Bruder & Collet 2011b, S. 59; Franke & Ruwisch 2010, S. 151; König 1992, S. 36).

Bei Tabellen kann ebenso wie bei Rechnungen davon ausgegangen werden, dass systematische Veränderungen gesteuert werden können, indem eine Größe oder das Ergebnis konstant gehalten wird (vgl. M. Link 2012, S. 125, 274). Inhaltliche Überlegungen verhelfen den Lernenden einerseits, mathematische Zusammenhänge und Beziehungen herauszuarbeiten, andererseits, sich strukturiert an die Lösung heranzutasten, quasi schrittweise vorzuarbeiten (Fuchs 2006, S. 91; Käpnick 1998, S. 252).

An folgender Aufgabe, die auch hier im Buch abgebildet ist, soll das Potenzial von Tabellen für die Lösungsfindung verdeutlicht werden.

An einem Wintertag werden in einem Stall 15 Tiere gezählt. Es sind Pferde und Fliegen. Zusammen haben Sie 72 Beine. Wie viele Pferde und wie viele Fliegen sind es?

Pferde und Fliegen

Fliegen	Pferde	Beine
0	15	60
1	14	62
2	13	64
3	12	66
4	11	68
5	10	70
6	9	72

Abb. 20: Lösung mit Tabelle

In der ersten Zeile wird davon ausgegangen, dass es 15 Pferde und keine Fliegen im Stall gibt. 60 Beine sind aber laut Aufgabenstellung zu gering. So wird in der zweiten Zeile die Zahl der Tiere verändert. 14 Pferde und 1 Fliege. Weil Fliegen 6 Beine haben, erhöht sich die Gesamtzahl der Beine auf 62. Auf diese Weise wird fortlaufend die Anzahl der jeweiligen Tiere verändert, bis die gewünschte Zahl von 72 Beinen erreicht ist.

Die Strategie, die hier genutzt wird, ist ein systematisches Vorgehen bei der Lösungsfindung. Dies ist eine sichere Strategie, mit der eine Aufgabe vollständig gelöst werden kann. Vor allem dann, wenn Kindern bisher keine algorithmischen Verfahren zur Lösung bekannt sind oder es gar keine gibt. Beim systematischen Probieren muss man zunächst das „Suchfeld" durch gegebene Bedingungen möglichst weit einschränken. Dann beginnt man mit dem größten oder kleinsten Wert für eine Angabe. Die anderen Werte können danach ermittelt werden. Werden alle Bedingungen erfüllt, so liegt eine Lösung vor. Nun kann mit dem nächstkleineren (nächstgrößeren) Wert gearbeitet werden.

Dieses Beispiel zeigt, dass ein weiterer wesentlicher Vorteil von Tabellen darin besteht, durch die Dokumentation der vollzogenen Schritte oder aller gefundenen Möglichkeiten eine Entlastung des Arbeitsgedächtnisses zu ermöglichen. Die bisher ausgeführten und sich als noch nicht zielführend erwiesenen Lösungsmöglichkeiten müssen nicht im Arbeitsgedächtnis präsent gehalten werden. Vielmehr sind sie sichtbar vor Augen und können jederzeit einbezogen werden, sodass die freien Kapazitäten für die weitere Lösungssuche genutzt werden können.

Bruder und Collet (2011, S. 61) stellen fest, dass Tabellen vor allem von den Kindern genutzt werden und damit einen Vorteil bringen, die eher planend und weniger intuitiv auf Lösungssuche gehen. Dies stützen sie auf die Tatsache, dass der Konstruktion von Tabellen sowie der Zuordnung gegebener Größen auf Spalten und Zeilen ein gewisses Maß an Strukturbewusstsein zugrunde liegen muss (Bruder & Collet 2011, S. 59; vgl. Düll 2009b, S. 54). Ihre Generierung und ihre Nutzung entsprechen keinesfalls trivialen Tätigkeiten, sondern erfordern über die Strukturierung des Sachverhaltes hinaus vorausschauende, überblickende, kontrollierende und planerische Fähigkeiten (Bruder & Collet, 2011, S. 61), gerade dann, wenn es vonnöten ist, abzuwägen, welche Lösungsmöglichkeiten bzw. welche Schritte denkbar und ausführbar sind.

Somit sollte auch der Umgang mit Tabellen ein eigener Unterrichtsgegenstand sein. Auch hier bietet das PIKAS digi[4] Projekt einige Unterrichtshilfen, die sich zu thematisieren lohnen, wenn man Tabellen als Lösungshilfen für Sachaufgaben einsetzen möchte.

Nutzen von Diagrammen

Eine besondere Form von grafischen Bearbeitungshilfen stellen Diagramme dar. Je nach Aufgabentyp können sie Skizzen sehr ähnlich sein. Ebenfalls abhängig von der jeweiligen Aufgabe ist, welches Diagramm man zur Lösungsfindung heranzieht. Geht es beispielsweise darum, Längen miteinander in Beziehung zu setzen, dann eignen sich Pfeil- oder Streckendiagramme besonders gut. Diese müssen nicht maßstabsgerecht sein:

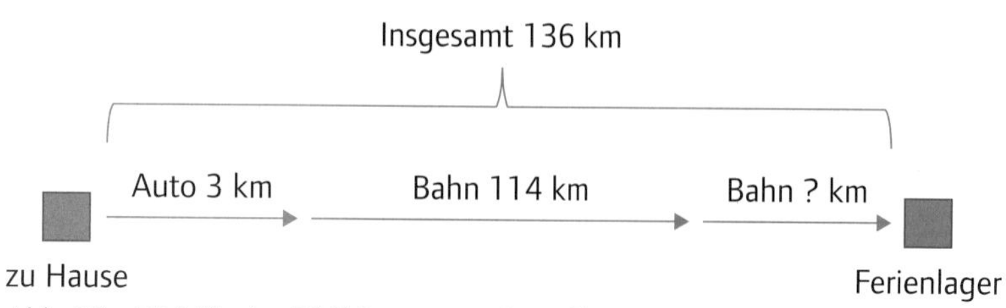

Abb. 21: Mithilfe des Pfeildiagramms die Differenz berechnen

Katharina fährt in den Sommerferien in ein Ferienlager. Es ist 136 km entfernt. Ihr Vater bringt sie mit dem Auto zum 3 Kilometer entfernten Bahnhof. Mit dem Zug fährt sie dann 114 Kilometer. Den Rest muss sie mit dem Linienbus zurücklegen. Wie viele Kilometer fährt sie mit dem Bus?

Kombinatorische Aufgabenstellungen lassen sich ikonisch mittels eines Baumdiagramms realisieren. Das Baumdiagramm visualisiert dabei sowohl den Lösungsprozess als auch das Ergebnis. Das lässt sich an der folgenden Aufgabe verdeutlichen:

[4] https://pikas-digi.dzlm.de/node/120

In der Schulmensa kann man zwischen Erbsensuppe und Tomatensuppe als Hauptspeise wählen, zum Nachtisch zwischen Schokopudding und Erdbeereis. Zum Trinken gibt es Orangensaft oder Wasser. Wie viele verschiedene Menüs kann Clara zusammenstellen?

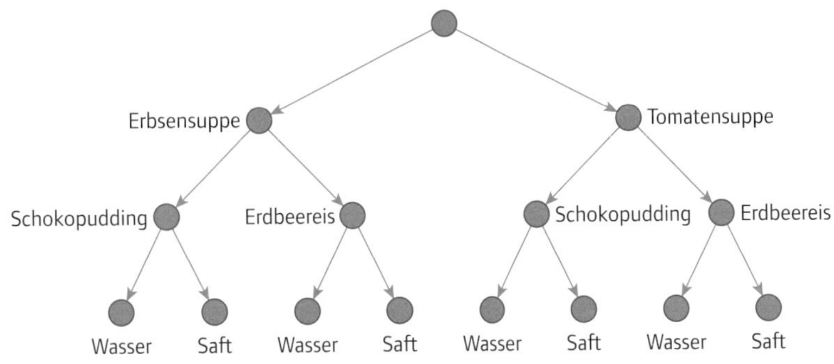

Abb. 22: Das Baumdiagramm zeigt alle 8 möglichen Kombinationen an

Jedes Stockwerk im Baum entspricht einer Entscheidungsstufe. So können die Menüs in einem dreistufigen Prozess konstruiert werden: Auf der ersten Entscheidungsstufe wird zwischen den beiden Hauptgerichten gewählt, auf der zweiten Entscheidungsstufe der Nachtisch und auf der dritten Entscheidungsstufe das Getränk. Jede Astspitze stellt jeweils eine Möglichkeit dar, den Entscheidungsprozess zu durchlaufen. Zu beachten ist die notwendige Unabhängigkeit der Entscheidungen auf jeder Stufe. Der Vorteil bei dieser Form der Visualisierung liegt darin, dass das Baumdiagramm eine dynamische Sicht auf den Lösungsprozess ermöglicht.

Und auch für die Diagramme gilt das Gleiche wie für die Arbeit mit Skizzen oder Tabellen: Möchte man sie als Werkzeuge zur Lösung von Sachaufgaben einsetzen, müssen die Schülerinnen und Schüler ihren Gebrauch erst erlernen. Auch hier sei auf die Webseite des PIKAS digi[5] Projektes verwiesen. Dort wird ein Lehrgang zum Umgang mit Diagrammen angeboten. Abschließend sei noch erwähnt, dass Bearbeitungshilfen dort ihre Grenzen haben, wo den Kindern der Transfer von der zu lösenden Aufgabe hin zum bereitgestellten Material nicht gelingt. Oder wenn die in der Aufgabe vorkommenden Zahlen nicht sinnvoll mit Material repräsentiert werden können.

2.3 HILFEN BEIM VALIDIEREN

Weiter oben wurde bereits angesprochen, „dass viele Lernende nach Mathematisierung und innermathematischer Bearbeitung keine Validierung mehr vollziehen, dass sie ihr Ergebnis also nicht auf Plausibilität im Hinblick auf die Ausgangssituation überprüfen" (Prediger, 2010, S. 179).

Viele Lernende lassen den Schritt des Validierens am Ende der Aufgabenbearbeitung aus (Reusser 1984). Auch die explizite Aufforderung zur Ergebnisvalidierung vor einem Test verändert die Vorgehensweise der Lernenden kaum. Prediger spricht von einer „antrainierten Ausblendung realistischer Überlegungen" (2010, S. 180). Es kann daher postuliert werden, dass Lernenden möglicherweise ein geeignetes Validierungsinstrument fehlt. Als ein solches Instrument, kann man die Schülerinnen und Schüler auffordern, zu vorgegebenen Lösungen Stellung zu nehmen. Man kann jede Sachaufgabe leicht in eine Validierungsaufgabe umwandeln, indem man einfach eine oder gar mehrere Lösungen vorgibt und sie bezüglich ihrer Eignung diskutieren lässt. Dafür gibt es auf den Arbeitsblättern in diesem Buch am Ende eines jeden Arbeitsblattes eine oder mehrere mögliche Lösungen der jeweiligen Sachaufgabe. Ganz bewusst wird hier von *möglichen* Lösungen gesprochen. Problemorientierte Sachaufgaben zeichnen sich vor allem dadurch aus, dass sie auf vielfältigen Wegen lösbar sind. Es soll der Eindruck vermieden werden, dass es nur den einen Königsweg zur Lösung gibt. Wenn ein Kind einen anderen Weg gefunden hat, um die Aufgabe zu lösen, dann ist das ein wertvoller Ausgangspunkt, um mit der ganzen Lerngruppe über die Wege zu sprechen. Dieser Phase im Lösungsprozess sollte genug Zeit im Unterricht eingeräumt werden.

[5] https://pikas-digi.dzlm.de/unterricht/gr%C3%B6%C3%9Fen-und-messen#toc-3

3 WIE KANN ES WEITERGEHEN?

Die Auseinandersetzung mit problemorientierten Sachaufgaben kann eine ziemliche Herausforderung sein; sowohl für die Schülerinnen und Schüler als auch für die Lehrkraft, die alle Differenzierungsmaßnahmen entwickeln, steuern und an den richtigen Stellen im Unterrichtsverlauf für entsprechende Reflektionen sorgen muss.

Hier bieten variierte Sachaufgaben für alle Seiten eine Entlastung. Sie bieten Kindern Einstiege auf unterschiedlichen Leistungsniveaus und damit viel Freiraum für eigenständiges und auch erfolgreiches Problemlösen. Dies trägt sicher zur hohen Motivation bei, mit der Kinder solche Aufgaben bearbeiten. Durch den Einsatz variierter Aufgaben können Schülerinnen und Schüler allmählich ihre eigenen Bearbeitungswege weiterentwickeln. Weiterhin werden durch den Austausch auch ihre Verbalisierungskompetenzen auf- bzw. ausgebaut. Nach meiner Erfahrung können die prozessbezogenen Kompetenzen des Mathematikunterrichts hier besonders gut gefördert werden. Folgende Stellschrauben der Aufgabenvariation haben sich in der Unterrichtspraxis bewährt:

Art der Variation	Ursprungsaufgabe	Variierte Aufgabe
Variation des „Zahlenmaterials“ *(Differenzierung ‚nach unten‘)*	„Der Weg der kleinen Ameise auf dem Quadrat. Die Seite des Quadrates ist **200 Meter** lang. Tagsüber legt die Ameise genau **200 Meter** zurück …“	„Der Weg der kleinen Ameise auf dem Quadrat. Die Seite des Quadrates ist **10 Meter** lang. Tagsüber legt die Ameise genau **10 Meter** zurück …“
Variation des „Zahlenmaterials“ *(Differenzierung ‚nach oben‘)*	„ … Aber während der Nacht bläst sie ein starker Wind die **halbe Strecke**, die sie während des Tages zurückgelegt hat, wieder zurück …“	„ … Aber während der Nacht bläst sie ein starker Wind ein **Viertel der Strecke**, die sie während des Tages zurückgelegt hat, wieder zurück …“
Variation des Kontextes	„Der Weg der kleinen Ameise auf dem **Quadrat** …“	„Der Weg der kleinen Ameise auf dem **Dreieck** …“
Strukturgleiche Aufgaben	„Der Weg der kleinen Ameise auf dem Quadrat. Die Seite des Quadrates ist 200 m lang. Tagsüber legt die Ameise genau 200 m zurück. Aber während der Nacht bläst sie ein starker Wind die halbe Strecke, die sie während des Tages zurückgelegt hat, wieder zurück. Am Montagmorgen geht sie los. Sie läuft von A aus über B, C und D und wieder zurück zu A. Wann wird sie wieder in A ankommen?“ (Rasch 2003, S. 65)	„Eine Schnecke in einem 20 Meter tiefen Brunnen will nach oben auf die Wiese. Sie kriecht am Tage immer 5 Meter hoch und rutscht nachts im Schlaf wieder 2 Meter nach unten. Am wievielten Tag erreicht sie den Brunnenrand?“ (Rasch 2003, S. 68)

In diesem Buch werden für viele Aufgabentypen bewusst strukturgleiche Aufgaben in unterschiedlichen Kontexten angeboten, um auch leistungsschwächeren Kindern die Chance zur Weiterentwicklung ihrer Kompetenzen zu geben und leistungsstärkere zu Transferleistungen anzuregen.

LITERATUR

Baddeley, A. (1992). Working memory. Science, 225(5044), 556–559.

Bierbrauer, Ch. (i. V.). Digitale Medien zur Unterstützung beim Lösen von Textaufgaben (Arbeitstitel). Dissertation: Universität des Saarlandes.

Blum, W. & Leiß, D. (2005). Modellieren im Unterricht mit der „Tanken"-Aufgabe. Mathematik lehren, H. 128, 18–21.

Bongartz, T. & Verboom, L. (2012): Fundgrube Sachrechnen. Unterrichtsideen, Beispiele und methodische Anregungen für das 1.–4. Schuljahr. Cornelsen Scriptor: Berlin.

Bottge, B. A., Rueda, E., Kwon, J. M., Grant, T. & LaRoque, P. (2009). Assessing and tracking students' problem solving performances in anchored learning environments. Educational Technology Research and Development, 57(4), 529–552.

Bremerich-Vos, A., Wendt, H. & Bos, W. (2017). Lesekompetenzen im internationalen Vergleich: Testkonzeption und Ergebnisse. In A. Hußmann, H. Wendt, W. Bos, A. Bremerich-Vos, D. Kasper, E.-M. Lankes, N. McElvany, T. C. Stubbe & R. Valtin (Hrsg.), IGLU 2016 – Lesekompetenzen von Grundschulkindern in Deutschland im internationalen Vergleich (S. 79-142). Münster: Waxmann.

Bruder, R. & Collet, C. (2011b). Problemlösen lernen im Mathematikunterricht. Berlin: Cornelsen.

Chandler, P. & Sweller, J. (1991). Cognitive Load Theory and the Format of Instruction. Cognition and Instruction, 8(4), 293–332.

Dröse, J. & Prediger, S. (2019). Scaffolding für fachbezogene textsortenspezifische Lesestrategien – Entwicklungsforschungsstudie zur Förderung des Umgangs mit Textaufgaben. In B. Ahrenholz, S. Jeuk, B. Lütke, J. Paetsch & H. Roll (Hrsg.), Fachunterricht, Sprachbildung und Sprachkompetenzen. Berlin: De Gruyter.

Eichler, K.-P., Grassmann, M., Mirwald, E. & Nitsch, B. (2014). Mathematikunterricht. Baltmannsweiler: Schneider Verlag.

Eichler, K.-P.: Zeichnen und Skizzieren. Handwerk und mehr. In: Grundschulunterricht Mathematik. Heft 3–2014, S. 4–7

Elbaum, B. (2007). Effects of an oral testing accommodation on the mathematics performance of secondary students with and without learning disabilities. The Journal of Special Education, 40(4), 218–229.

Franke, M. (2007). Didaktik des Sachrechnens in der Grundschule. Heidelberg: Spektrum Akademischer Verlag.

Franke, M. & Ruwisch, S. (2010). Didaktik des Sachrechnens in der Grundschule. Heidelberg: Spektrum Akademischer Verlag.

Fricke, A. (1987). Sachrechnen: das Lösen angewandter Aufgaben. Stuttgart: Klett.

Fuchs, M. (2006). Vorgehensweisen mathematisch potentiell begabter Dritt- und Viertklässler beim Problemlösen: empirische Untersuchungen zur Typisierung spezifischer Problembearbeitungsstile. Münster: LIT.

Greefrath, G. (2010). Didaktik des Sachrechnens in der Sekundarstufe. Heidelberg: Spektrum Akademischer Verlag.

Habermann, L. & Parfenowa, J. (2023). Wie verwenden Grundschulkinder analoge und digitale Texterschließungs- und Bearbeitungshilfen beim Lösen von problemhaltigen Sachaufgaben? Masterarbeit an der Uni Bremen.

Hasemann, K. & Gasteiger, K. (2020). Anfangsunterricht Mathematik. Berlin: Springer.

Heckmann, L., Vernay, R. & Witzmann, C. (2007). Textaufgaben? Kann ich nicht! Mathematik 5 bis 10. Unterricht – Aufgaben – Materialien. (1), 4–5.

Helwig, R., Rozek-Tedesco, M. A. & Tindal, G. (2002). An Oral Versus a Standard Administration of a Large-Scale Mathematics Test. The Journal of Special Education, 36(1), 39–47.

Hudson, T. (1983). Correspondences and numerical differences between disjoint sets. Child Development, 54, 84–90.

Huhmann, T. (2013). Einfluss von Computeranimationen auf die Raumvorstellungsentwicklung. Wiesbaden: Springer.

Käpnick, F. (1998). Mathematisch begabte Kinder: Modelle, empirische Studien und Förderungsprojekte für das Grundschulalter. Frankfurt am Main: Lang.

Konferenz der Kultusminister der Länder der Bundesrepublik Deutschland (KMK). (2005). Bildungsstandards im Fach Mathematik für den Primarbereich. Neuwied: Wolters-Kluwer & Luchterhand.

König, H. (1992). Einige für den Mathematikunterricht bedeutsame heuristische Vorgehensweisen. Der Mathematikunterricht, 38(3), 24–38.

Lehmann, R. H., Peek, R. & Poerschke, J. (2006). HAMLET 3-4: Hamburger Lesetest für 3. Und 4. Klassen. Göttingen: Hogrefe.

Link, M. (2012). Grundschulkinder beschreiben operative Zahlenmuster: Entwurf, Erprobung und Überarbeitung von Unterrichtsaktivtäten als ein Beispiel für Entwicklungsforschung. Wiesbaden: Springer.

Lorenz, J.-H. & Kaufmann, S. (2008). Sachrechenbox 3/4. Braunschweig: Westermann.

Maaß, K. (2018). Qualitätskriterien für den Unterricht zum Modellieren in der Grundschule. In: Eilerts, K., Skutella, K. (eds) Neue Materialien für einen realitätsbezogenen Mathematikunterricht 5. Realitätsbezüge im Mathematikunterricht. Wiesbaden: Springer Spektrum. https://doi.org/10.1007/978-3-658-21042-7_1

Mayring, P. (2015). Qualitative Inhaltsanalyse. Grundlagen und Techniken. Weinheim und Basel: Beltz.

Müller, G. N. & Wittmann, E. Ch. (1984). Der Mathematikunterricht in der Primarstufe. Braunschweig: Vieweg + Teubner.

Niederhaus, C., Pöhler, B. & Prediger, S. (2016). Relevante Sprachmittel für mathematische Textaufgaben – Korpuslinguistische Annäherung am Beispiel Prozentrechnung. In E. Tschirner, O. Bärenfänger & J. Möhring (Hrsg.), Deutsch als fremde Bildungssprache: Das Spannungsfeld von Fachwissen, sprachlicher Kompetenz, Diagnostik und Didaktik (S. 135–162). Tübingen: Stauffenburg.

Ott, Barbara (2016). Textaufgaben grafisch darstellen: Entwicklung eines Analyseinstruments und Evaluation einer Interventionsmaßnahme. Münster: Waxmann.

Peltenburg, M., van den Heuvel-Panhuizen, M. & Doig, B. (2009). Mathematical power of special educational needs pupils: An ICT-based dynamic assessment format to reveal weak pupils' learning potential. British Journal of Educational Technology, 40(2), 273–284.

Peltenburg, M., van den Heuvel-Panhuizen, M. & Robitzsch, A. (2010). ICT-based dynamic assessment to reveal special education students' potential in mathematics. Research Papers in Education, 25(3), 319–334.

Prediger, S. (2010). Über das Verhältnis von Theorien und wissenschaftlichen Praktiken – am Beispiel von Schwierigkeiten mit Textaufgaben. Journal für Mathematik-Didaktik, 31(2), 167–195.

Prediger, S. (2017). Auf sprachliche Heterogenität im Mathematikunterricht vorbereiten. In J. Leuders, T. Leuders, S. Prediger & S. Ruwisch (Hrsg.), Mit Heterogenität im Mathematikunterricht umgehen lernen (S. 29–40). Springer Fachmedien Wiesbaden. https://doi.org/10.1007/978-3-658-16903-9_3

Rasch, R. (2001). Zur Arbeit mit problemhaltigen Textaufgaben im Mathematikunterricht der Grundschule. Hildesheim: Franzbecker.

Rasch, R. (2003). 42 Denk- und Sachaufgaben. Seelze: Kallmeyer.

Rellensmann, J., Schukajlow, S. & Leopold, C. (2015). Gute Skizze – Bessere Lösung? Selbsterstellte Skizzen beim mathematischen Modellieren. In: Beiträge zum Mathematikunterricht. Münster, 732–735.

Reusser, K. (1984). Problemlösen in wissenstheoretischer Sicht. Problematisches Wissen, Problemformulierung und Problemverständnis (Dissertation). Bern: Universität.

Reusser, K. (1997). Erwerb mathematischer Kompetenzen: Literaturüberblick. In F. Weinert & A. Helmke (Hrsg.), Entwicklung im Grundschulalter (S. 141–155). Weinheim: Beltz.

Rezat, S. (2019). Schulbuch? Aber bitte digital! – Den Einstieg in das Arbeiten mit digitalen Schulbüchern gestalten. In D. Walter & R. Rink (Hrsg.), Digitale Medien in der Lehrerbil-dung Mathematik – Konzeptionelles und Beispiele (S. 215–237). Münster: WTM-Verlag.

Rink, R. (2015). „Lass' dir die Aufgabe doch vorlesen!" – mit digitalen Medien Schwierigkeiten beim Sachrechnen begegnen – Eine Untersuchung mit Kindern mit Leseschwierigkeiten im vierten

Schuljahr. In: S. Ladel & Chr. Schreiber (Hrsg.), Von Audiopodcast bis Zahlensinn (S. 61–76). Münster: WTM-Verlag.

Ruwisch, Silke (1999): Angewandte Multiplikation: Klassenfest, Puppenhaus und Kinderbowle. Eine qualitative empirische Studie zum Lösungsverhalten von Grundschulkindern beim Bearbeiten multiplikativer Sachsituationen. Frankfurt am Main: Lang.

Schipper, W., Dröge, R. & Ebelling, A. (2000). Handbuch für den Mathematikunterricht. 4. Schuljahr. Hannover: Schroedel.

Schilcher, A., & Madlindl, S. (2012). Schwierige Texte. Wie viel Lesekompetenz erfordern Sachaufgaben im Mathematikunterricht? Grundschule, 10/2012, 26–27.

Schnotz, W. (1994). Aufbau von Wissensstrukturen. Untersuchungen zur Kohärenzbildung beim Wissenserwerb mit Texten. Weinheim: Psychologie Verlags Union.

Selter, Ch. & Spiegel, H. (1997). Wie Kinder rechnen. Leipzig: Klett.

Selter, Ch. & Zannetin, E. (2018). Mathematik unterrichten in der Grundschule. Seelze: Kallmeyer.

Sweller, J., van Merrienboër, J. J. G. & Paas , F. G. W. C. (1998). Cognitive Architecture and Instructional Design. Educational Psychology Review, 10(3), 251–296.

van den Heuvel-Panhuizen, M. & Peltenburg, M. (2011). A secondary analysis from a cognitive load perspective to understand why an ICT-based assessment environment helps special education students to solve mathematical problems. Mediterranean Journal for Research in Mathematics Education, 10(1/2), 23–41.

Verschaffel, L., Greer, B. & de Corte, E. (2000). Making sense of word problems. Lisse: Swets & Zeitlinger.

Walter, D. (2018). Nutzungsweisen bei der Verwendung von Tablet-Aps: Eine Untersuchung bei zählend rechnenden Lernenden zu Beginn des zweiten Schuljahres. Wiesbaden: Springer Spektrum.

Walter, D. & Rink, R. (2020). Multiple Repräsentationen und ihr Einfluss auf die Generierung eines Situationsmodells beim Sachrechnen. In S. Ladel, R. Rink, C. Schreiber, & D. Walter (Hrsg.), Forschung zu und mit digitalen Medien (S. 233–245). Münster: WTM-Verlag. https://doi.org/10.37626/GA9783959871747.0.16

Wälti, B. (2009). Sachrechnen – Rechnen und Handeln an der Sache. Tragfähige Vorstellungen zu proportionalen Zuordnungen entwickeln. Grundschulmagazin, 7(5), 33–38.

Wessel, L. & Sprütten, F. (2018). Mathematik und Unterrichtssprache lernen. Antworten für den Unterricht mit neu Zugewanderten. Mathematik lehren, Heft 206, 18–22.

Winter, H. (1997). Problemorientierung des Sachrechnens in der Primarstufe als Möglichkeit, entdeckendes Lernen zu fördern. In P. Bardy (Hg.), Mathematische und mathematikdidaktische Ausbildung von Grundschullehrerinnen/-lehrern: Vorträge auf der gleichnamigen Tagung vom 30. September bis 2. Oktober 1996 an der Universität Halle-Wittenberg (in Köthen) (S. 57–92). Weinheim: Beltz.

Winter, H. (1985). Sachrechnen in der Grundschule. Frankfurt a. M.: Cornelsen Scriptor.

Winter, H. (1992). Zur grundsätzlichen Problematik des Sachrechnens. Sachunterricht und Mathematikunterricht in der Primarstufe, 20, 8, 350–369.

Die Ameise auf dem Quadrat

Name: Datum:

Die Seite des Quadrates ist 200 Meter lang.

Tagsüber legt die Ameise **genau** 200 Meter zurück. Aber in der Nacht bläst sie ein starker Wind die halbe Strecke, die sie während des Tages zurückgelegt hat, wieder zurück. Am Montagmorgen geht sie los. Sie läuft von A aus über B, C und D und wieder zurück zu A.

Wann wird die Ameise wieder in A ankommen?

1. Lies die Sachaufgabe.
Falls du etwas nicht verstehst, schau dir Video 1 an.

Video 1

2. Was musst du herausfinden? Unterstreiche die Frage in der Aufgabe rot.

3. Welche Informationen brauchst du zum Lösen der Sachaufgabe? Unterstreiche die wichtigen Informationen in der Aufgabe blau.

4. Beantworte die Fragen.

a) Wo ist die Ameise am Anfang?

____

____

b) Wohin möchte die Ameise laufen?

____

____

5. Trage die fehlenden Zahlen in den Lückentext ein.

Ein Quadrat hat ________ Seiten. Die Ameise krabbelt jeden Tag ________ m. Die Quadratseite ist ________ m lang.

In der Nacht wird die Ameise ________ m zurückgeweht.

Die Ameise auf dem Quadrat

KV 1

Name: Datum:

6. Löse die Aufgabe. Du kannst eine Skizze verwenden.

Versuche die Aufgabe selber zu lösen. Wenn du einen Tipp brauchst, schau dir Video 2 an.

Video 2

7. Schreibe einen Antwortsatz.

8. Hier kannst du zwei Lösungen sehen. Welche passt? Begründe!

Lösung 1 + Lösung 2

Die Schnecke im Brunnen

KV 2

Name: Datum:

Eine Schnecke in einem 20 m tiefen Brunnen will nach oben auf die Wiese. Sie kriecht am Tage immer 5 m hoch und rutscht nachts im Schlaf wieder 2 m nach unten.

Am wie vielten Tag erreicht sie den Brunnenrand?

1. Lies die Sachaufgabe.
Falls du etwas nicht verstehst, schau dir Video 1 an.

Video 1

2. Was musst du herausfinden? Unterstreiche die Frage in der Aufgabe rot.

3. Welche Informationen brauchst du zum Lösen der Sachaufgabe? Unterstreiche die wichtigen Informationen in der Aufgabe blau.

4. Beantworte die Fragen.

a) Wo ist die Schnecke am Anfang?

____

____

____

b) Wohin möchte die Schnecke kriechen?

____

____

____

5. Trage die fehlenden Wörter in den Lückentext ein.

Die Schnecke kriecht jeden Tag ________ m hoch.

Der Brunnen ist ________ m tief.

In der Nacht rutscht die Schnecke ________ m nach unten.

Cornelsen
Erarbeitet von: Roland Rink | Sachrechnen endlich verständlich! • Kl. 3–4 | Cornelsen 2023
Illustration: Liliane Oser, Hamburg

Die Schnecke im Brunnen

Name: Datum:

6. Löse die Aufgabe. Du kannst eine Skizze verwenden.

Versuche die Aufgabe selber zu lösen. Wenn du einen Tipp brauchst, schau dir Video 2 an.

Video 2

7. Schreibe einen Antwortsatz.

8. Hier kannst du zwei Lösungen sehen. Welche passt? Begründe!

Lösung 1 + Lösung 2

Die Wanderung

Name: Datum:

Hanno geht mit seiner Klasse wandern. Das Ziel liegt 10 km von der Schule entfernt. Nach 4 Stunden sind sie 8 km weit gegangen.

Die Lehrerin sagt: „Wenn wir in dem Tempo weitergehen, dann sind wir in einer Stunde am Ziel.“

Hat die Lehrerin recht? Begründe.

1. Lies die Sachaufgabe.
Falls du etwas nicht verstehst, schau dir Video 1 an.

Video 1

2. Was musst du herausfinden? Unterstreiche die Frage in der Aufgabe rot.

3. Welche Informationen brauchst du zum Lösen der Sachaufgabe?
Unterstreiche die wichtigen Informationen in der Aufgabe blau.

4. Beantworte die Fragen.

a) Wie weit sind sie nach 4 Stunden gegangen?

____

____

b) Wie weit sind sie wohl nach 2 Stunden gegangen?

____

____

5. Trage die richtigen Angaben in den Lückentext ein.

Das Ziel ist ________ km von der Schule entfernt.

Nach 4 Stunden sind sie ________ km gelaufen.

Bis zum Ziel soll es nur noch ________ Stunde dauern.

Cornelsen

Erarbeitet von: Roland Rink | Sachrechnen endlich verständlich! • Kl. 3–4 | Cornelsen 2023
Illustration: Liliane Oser, Hamburg

Die Wanderung

KV 3

Name: Datum:

6. Löse die Aufgabe. Du kannst eine Skizze verwenden.

Versuche die Aufgabe selber zu lösen. Wenn du einen Tipp brauchst, schau dir Video 2 an.

Video 2

7. Schreibe einen Antwortsatz.

8. Hier kannst du zwei Lösungen sehen. Welche passt? Begründe!

Lösung 1 + Lösung 2

Vater und Sohn

Name: Datum:

Ein Vater, der 51 Jahre alt ist,
fragt seinen Sohn,
der 19 Jahre alt ist:

„Wie viele Jahre werden verfließen müssen,
bis ich sagen kann, ich bin
noch einmal so alt wie du?“

1. Lies die Sachaufgabe.
Falls du etwas nicht verstehst, schau dir Video 1 an.

Video 1

2. Was musst du herausfinden? Unterstreiche die Frage in der Aufgabe rot.

3. Welche Informationen brauchst du zum Lösen der Sachaufgabe?
Unterstreiche die wichtigen Informationen in der Aufgabe blau.

4. Beantworte die Fragen.

a) Was bedeutet „wie viele Jahre werden verfließen müssen“?

____

____

b) Was bedeutet „noch einmal so alt“?

____

____

5. Schreibe die Aufgabe so auf, dass ein anderes Kind sie gut verstehen kann.

____

____

____

____

____

____

Vater und Sohn

KV 4

Name: Datum:

6. Löse die Aufgabe. Du kannst eine Tabelle verwenden.

Versuche die Aufgabe selber zu lösen. Wenn du einen Tipp brauchst, schau dir Video 2 an.

Video 2

7. Schreibe einen Antwortsatz.

8. Welche der beiden Lösungen passt besser zu deiner Lösung? Begründe!

Lösung 1 + Lösung 2

Pferde und Fliegen im Stall

Name: Datum:

An einem Wintertag werden
in einem Stall 15 Tiere gezählt.
Es sind Pferde und Fliegen.
Zusammen haben Sie 72 Beine.

Wie viele Pferde und
wie viele Fliegen sind es?

1. Lies die Sachaufgabe.
Falls du etwas nicht verstehst, schau dir Video 1 an.

Video 1

2. Was musst du herausfinden? Unterstreiche die Frage in der Aufgabe rot.

3. Welche Informationen brauchst du zum Lösen der Sachaufgabe?
Unterstreiche die wichtigen Informationen in der Aufgabe blau.

4. Beantworte die Fragen.

a) Wie viele Beine haben Fliegen? Wie viele Beine haben Pferde?

____

____

b) Wie viele Beine haben 2 Pferde und wie viele Beine haben 2 Fliegen?

____

____

5. Schreibe die Aufgabe so auf, dass ein anderes Kind sie gut verstehen kann.

____

____

____

____

____

Cornelsen
Erarbeitet von: Roland Rink | Sachrechnen endlich verständlich! • Kl. 3–4 | Cornelsen 2023
Illustration: Liliane Oser, Hamburg

Pferde und Fliegen im Stall

Name: Datum:

6. Löse die Aufgabe. Du kannst eine Tabelle verwenden.

Versuche die Aufgabe selber zu lösen. Wenn du einen Tipp brauchst, dann schau dir Video 2 an.

Video 2

7. Schreibe einen Antwortsatz.

8. Welche der beiden Lösungen passt besser zu deiner Lösung? Begründe!

Lösung 1 + Lösung 2

Tiere auf dem Bauernhof

KV 6

Name: Datum:

Auf dem Bauernhof leben
Hühner und Kaninchen.

Sie haben zusammen
38 Beine und 14 Köpfe.

Wie viele Hühner und wie viele
Kaninchen sind es?

1. Lies die Sachaufgabe.
Falls du etwas nicht verstehst, schau dir Video 1 an.

Video 1

2. Was musst du herausfinden? Unterstreiche die Frage in der Aufgabe rot.

3. Welche Informationen brauchst du zum Lösen der Sachaufgabe?
Unterstreiche die wichtigen Informationen in der Aufgabe blau.

4. Welche Informationen kennst du bereits? Fülle die Lücken aus.

Die Hühner und Kaninchen haben zusammen ________ Beine.

Es wurden insgesamt ________ Köpfe gezählt.

Ein Kaninchen hat ________ Beine.

Dann haben zwei Kaninchen ________ Beine.

Ein Huhn hat ________ Beine.

Zwei Hühner haben dann ________ Beine.

5. Male ein Bild, das zur Aufgabe passt.

Cornelsen

Erarbeitet von: Roland Rink | Sachrechnen endlich verständlich! • Kl. 3–4 | Cornelsen 2023
Illustration: Liliane Oser, Hamburg

Tiere auf dem Bauernhof

Name: Datum:

6. Löse die Aufgabe. Du kannst eine Skizze oder eine Tabelle verwenden.

Versuche die Aufgabe selber zu lösen. Wenn du einen Tipp brauchst, schau dir Video 2 an.

Video 2

7. Schreibe einen Antwortsatz.

8. Welche der beiden Lösungen passt besser zu deiner Lösung? Begründe!

Lösung 1 + Lösung 2

Das zerschnittene Band

Name: Datum:

Pia schneidet ein langes Band in der Mitte durch.
Die eine Hälfte schenkt sie ihrer Freundin.
Vom Rest schneidet sie ein Drittel ab. So erhält sie zwei unterschiedlich lange Bänder, wovon das längere 3 m lang ist.

Wie lang war Pias Band vor dem Zerschneiden?

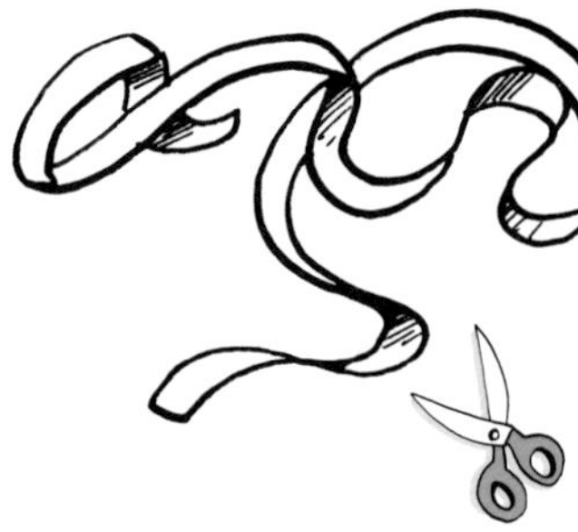

1. Lies die Sachaufgabe.
Falls du etwas nicht verstehst, schau dir Video 1 an.

Video 1

2. Was musst du herausfinden? Unterstreiche die Frage in der Aufgabe rot.

3. Welche Informationen brauchst du zum Lösen der Sachaufgabe?
Unterstreiche die wichtigen Informationen in der Aufgabe blau.

4. Beantworte die Fragen.

a) Pia schneidet ein Drittel ab. Wie viel Drittel ist das längere Band?

____

b) Wie viel m lang ist Pias kürzeres Band?

____

c) Wie viel m lang sind beide Bänder zusammen?

____

5. Trage die fehlenden Informationen in den Lückentext ein.

Pias längeres Band ist ________ m lang. Das sind ________ Drittel ihrer Hälfte.

Ihr kürzeres Band ist also ________ Drittel ihrer Hälfte. Das sind ________ m.

Pias langes und kurzes Band sind zusammen ________ m.

Streiche das falsche Wort durch:
Beim Halbieren entstanden *gleich / unterschiedlich* lange Bänder.

Cornelsen

Erarbeitet von: Roland Rink | Sachrechnen endlich verständlich! • Kl. 3–4 | Cornelsen 2023
Illustration: Liliane Oser, Hamburg

Das zerschnittene Band

Name: Datum:

6. Löse die Aufgabe. Du kannst eine Skizze verwenden.

Versuche die Aufgabe selber zu lösen. Wenn du einen Tipp brauchst, schau dir Video 2 an.

Video 2

7. Schreibe einen Antwortsatz.

8. Hier kannst du zwei Lösungen sehen. Welche passt zu deiner Lösung? Begründe!

Lösung 1 + Lösung 2

Der Kinderpunsch

KV 8

Name: Datum:

Simon hat 8 l Kinder-Punsch.
Davon will er 2 l abmessen.
Er hat keinen Messbecher,
sondern nur einen 5 Liter Topf
und einen 3 Liter Topf.

Wie kann er trotzdem
2 l abmessen?

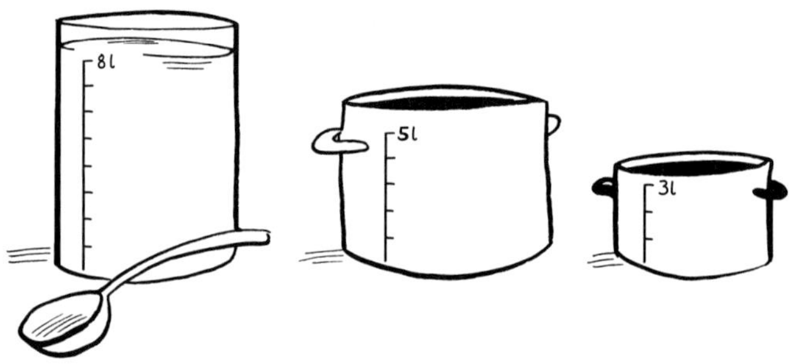

1. Lies die Sachaufgabe.
Falls du etwas nicht verstehst, schau dir Video 1 an.

Video 1

2. Was musst du herausfinden? Unterstreiche die Frage in der Aufgabe rot.

3. Welche Informationen brauchst du zum Lösen der Sachaufgabe?
Unterstreiche die Mengenangaben in der Aufgabe blau.

4. Beantworte die Fragen.

a) Wie viele Liter Punsch hat Simon am Anfang zur Verfügung?

____

b) Wie viele Liter fassen beide Töpfe zusammen?

____

c) Wie viele Liter möchte Simon abmessen?

____

5. Male ein Bild, das zu der Aufgabe passt.

Cornelsen

Erarbeitet von: Roland Rink | Sachrechnen endlich verständlich! • Kl. 3–4 | Cornelsen 2023
Illustration: Liliane Oser, Hamburg

Der Kinderpunsch

KV 8

Name: Datum:

6. Löse die Aufgabe. Du kannst eine Tabelle verwenden.

Versuche die Aufgabe selber zu lösen. Wenn du einen Tipp brauchst, schau dir Video 2 an.

Video 2

7. Schreibe einen Antwortsatz.

____

____

____

8. Hier kannst du zwei Lösungen sehen. Welche passt? Begründe!

Lösung 1 + Lösung 2

Die Schule Sonnenschein auf Wanderfahrt

KV 9

Name: Datum:

Die Schule Sonnenschein benötigt für eine Wanderfahrt Busse mit insgesamt 290 Plätzen. Das Reisebüro bietet Busse mit 40, 50 oder 60 Sitzplätzen an.

Wie viele Busse von **jeder** Größe werden gebraucht?

1. Lies die Sachaufgabe.
Falls du etwas nicht verstehst, schau dir Video 1 an.

Video 1

2. Was musst du herausfinden? Unterstreiche die Frage in der Aufgabe rot.

3. Welche Informationen brauchst du zum Lösen der Sachaufgabe?
Unterstreiche die wichtigen Informationen in der Aufgabe blau.

4. Beantworte die Fragen.

a) Wie viele Menschen brauchen einen Platz im Bus?

___

b) Welche Busse bietet das Reisebüro an?

___

___

5. Trage die fehlenden Zahlen in den Lückentext ein.

An der Wanderfahrt nehmen insgesamt ________ Personen teil.

Das Reisebüro bietet Busse in drei Größen an.

Der kleine Bus hat ______ Sitzplätze.

Der mittlere Bus hat ______ Sitzplätze.

Der große Bus hat ______ Sitzplätze.

Cornelsen
Erarbeitet von: Roland Rink | Sachrechnen endlich verständlich! • Kl. 3–4 | Cornelsen 2023
Illustration: Liliane Oser, Hamburg

Die Schule Sonnenschein auf Wanderfahrt

KV 9

Name: Datum:

6. Löse die Aufgabe. Du kannst eine Skizze verwenden.

Versuche die Aufgabe selber zu lösen. Wenn du einen Tipp brauchst, schau dir Video 2 an.

Video 2

7. Schreibe einen Antwortsatz.

8. Welche der beiden Lösungen passt besser zu deiner Lösung? Begründe!

Lösung 1 + Lösung 2

Jette steht an der Rutsche

Name: Datum:

Vor Jette stehen 28 Kinder an der Rutsche an.
Immer nach 15 Sekunden darf das nächste Kind rutschen.

Wie lange muss Jette ungefähr warten, bis sie rutschen kann?

1. Lies die Sachaufgabe. Du kannst dir die Aufgabe auch vorlesen lassen. Schau dir dazu Video 1 an.

Video 1

2. Was musst du herausfinden? Unterstreiche die Frage in der Aufgabe rot.

3. Welche Informationen brauchst du zum Lösen der Sachaufgabe? Unterstreiche die wichtigen Informationen in der Aufgabe blau.

4. Beantworte die Fragen.

a) Wie viele Kinder stehen vor Jette?

____

b) Wie lange dauert es, bis das nächste Kind rutschen darf?

____

5. Trage die fehlenden Zahlen in den Lückentext ein.

Vor Jette stehen ________ Kinder an der Rutsche an.

Immer nach ________ Sekunden darf das nächste Kind rutschen.

6. Wie lange muss Jette warten, wenn ein Kind vor ihr rutscht? Wie lange, wenn es zwei Kinder sind? Vervollständige die Tabelle.

Kinder vor Jette	Jettes Wartezeit
1	*15 Sekunden*
2	*$2 \cdot 15s = 30s$*
3	

Erarbeitet von: Roland Rink | Sachrechnen endlich verständlich! • Kl. 3–4 | Cornelsen 2023
Illustration: Liliane Oser, Hamburg

Jette steht an der Rutsche

KV 10

Name: Datum:

7. Löse die Aufgabe. Du kannst eine Tabelle nutzen.

Versuche die Aufgabe selber zu lösen. Wenn du einen Tipp brauchst, schau dir Video 2 an.

Video 2

8. Schreibe einen Antwortsatz.

---

9. Welche der beiden Lösungen passt besser zu deiner Lösung? Begründe!

Lösung 1 + Lösung 2

Ella und Sila treffen sich

KV 11

Name: Datum:

Sila und Ella sind 900 m voneinander entfernt und gehen aufeinander zu. Sila geht doppelt so schnell wie Ella.

Wie viel Meter geht Ella bis zum Treffpunkt?

Wie viel Meter ist dann Sila gegangen?

1. Lies die Sachaufgabe. Wenn du etwas nicht verstehst, schau dir Video 1 an.

Video 1

2. Was musst du herausfinden? Unterstreiche die Frage in der Aufgabe rot.

3. Welche Informationen brauchst du zum Lösen der Sachaufgabe? Unterstreiche die wichtigen Informationen in der Aufgabe blau.

4. Kreuze passend an:

Aussage	stimmt	stimmt nicht	kann ich nicht beantworten
Die Mädchen sind 900 m voneinander entfernt.			
Die Mädchen sind 1 000 m voneinander entfernt.			
Die Mädchen gehen gleich schnell.			
Ein Mädchen ist doppelt so schnell wie das andere.			
Der Treffpunkt wird genau in der Mitte sein.			
Die Mädchen wollen Eis essen gehen.			
Wenn Sila 2 m gelaufen ist, ist Ella 1 m gelaufen.			
Am Ende wird Sila die längere Strecke gelaufen sein.			
Am Ende wird Ella die längere Strecke gelaufen sein.			

Cornelsen
Erarbeitet von: Roland Rink | Sachrechnen endlich verständlich! • Kl. 3–4 | Cornelsen 2023
Illustration: Liliane Oser, Hamburg

Ella und Sila treffen sich

KV 11

Name: Datum:

5. Löse die Aufgabe. Du kannst ein Pfeildiagramm verwenden.

Versuche die Aufgabe selber zu lösen. Wenn du einen Tipp brauchst, schau dir Video 2 an.

Video 2

6. Schreibe einen Antwortsatz.

7. Welche der beiden Lösungen passt besser zu deiner Lösung? Begründe!

Lösung 1 + Lösung 2

Weinflaschen

KV 12

Name: Datum:

In einem Weinfass waren 100 Liter.
Der Winzer hat 17 Flaschen zu je 1 Liter und 18 Flaschen zu je 0,5 Liter abgefüllt.

Wie viele Liter Wein sind noch im Fass?

1. Lies die Sachaufgabe.
Wenn du etwas nicht verstehst, schau dir Video 1 an.

Video 1

2. Was musst du herausfinden? Unterstreiche die Frage in der Aufgabe rot.

3. Welche Informationen brauchst du zum Lösen der Sachaufgabe?
Unterstreiche die wichtigen Informationen in der Aufgabe blau.

4. Kreuze passend an.

Aussage	stimmt	stimmt nicht	kann ich nicht beantworten
Im Fass waren 100 Liter.			
Im Fass waren 17 Liter.			
In 17 Flaschen sind 1 Liter.			
Der Winzer ist müde.			
In 18 Flaschen sind je 1 Liter.			
In 18 Flaschen sind je 0,5 Liter.			
Wenn ich wissen möchte, wie viele Flaschen ich füllen kann, muss ich „geteilt“ rechnen. Also dividieren.			
Wenn ich wissen möchte, wie viele Flaschen ich füllen kann, muss ich „mal“ rechnen. Also multiplizieren.			

Cornelsen
Erarbeitet von: Roland Rink | Sachrechnen endlich verständlich! • Kl. 3–4 | Cornelsen 2023
Illustration: Liliane Oser, Hamburg

Weinflaschen

Name: Datum:

5. Löse die Aufgabe. Du kannst eine Skizze verwenden.

Versuche die Aufgabe selber zu lösen. Wenn du einen Tipp brauchst, schau dir Video 2 an.

Video 2

6. Schreibe einen Antwortsatz.

7. Hier kannst du zwei Lösungen sehen. Welche passt? Begründe!

Lösung 1 + Lösung 2

Geburtstagstorte mit Kerzen

Name: Datum:

Die Zwillinge Alexia und Maria bekommen zu ihrem 8. Geburtstag eine Torte mit 16 Kerzen.

Wie viele Kerzen sind an ihrem 24. Geburtstag auf der Torte?

1. Lies die Sachaufgabe.
Falls du etwas nicht verstehst, schau dir Video 1 an.

Video 1

2. Was musst du herausfinden? Unterstreiche die Frage in der Aufgabe rot.

3. Welche Informationen brauchst du zum Lösen der Sachaufgabe? Unterstreiche die wichtigen Informationen in der Aufgabe blau.

4. Beantworte die Fragen.

a) Warum sind auf der Torte zum 8. Geburtstag 16 Kerzen?

____

b) Wie viele Kerzen sind dann auf der Torte zum 16. Geburtstag?

____

5. Trage die fehlenden Angaben in den Lückentext ein.

Der Kuchen zum 8. Geburtstag hat __________ Kerzen.
Für jedes Kind und jedes Geburtsjahr
gibt es __________ Kerze.
Somit sind auf der Geburtstagstorte
immer __________ so viele Kerzen wie Geburtsjahre.

16 | eine | doppelt

Erarbeitet von: Roland Rink | Sachrechnen endlich verständlich! • Kl. 3–4 | Cornelsen 2023
Illustration: Liliane Oser, Hamburg

Geburtstagstorte mit Kerzen

Name: Datum:

6. Löse die Aufgabe. Du kannst eine Tabelle verwenden.

Versuche die Aufgabe selber zu lösen. Wenn du einen Tipp brauchst, schau dir Video 2 an.

Video 2

7. Schreibe einen Antwortsatz.

8. Welche der beiden Lösungen passt besser zu deiner Lösung? Begründe!

Lösung 1 + Lösung 2

Abends auf dem Tennisplatz

Name: Datum:

Auf den Tennisplätzen eines Tennisvereins müssen abends nach dem Training von den 12 Spielerinnen und Spielern 672 Tennisbälle eingesammelt werden.

Alle Spielerinnen und Spieler sammeln gleich viele Bälle ein.

Wie viele Tennisbälle sammelt jede Spielerin oder jeder Spieler ein?

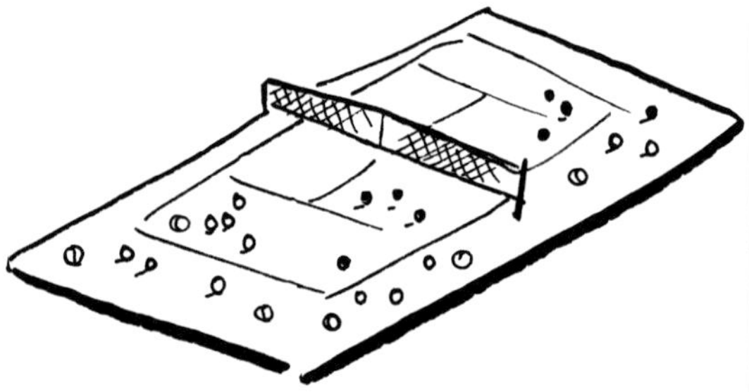

1. Lies die Sachaufgabe.
Falls du etwas nicht verstehst, schau dir Video 1 an.

Video 1

2. Was musst du herausfinden? Unterstreiche die Frage in der Aufgabe rot.

3. Welche Informationen brauchst du zum Lösen der Sachaufgabe? Unterstreiche die wichtigen Informationen in der Aufgabe blau.

4. Kreuze passend an:

Aussage	stimmt	stimmt nicht	kann ich nicht beantworten
Es sind 12 Spielerinnen und Spieler.			
Es sind 672 Spielerinnen und Spieler.			
Es müssen 672 Bälle eingesammelt werden.			
Die Spieler sind müde.			
Alle sammeln gleich viele Bälle ein.			
Ich muss herausfinden, wie viele Bälle jede Spielerin und jeder Spieler einsammelt.			

Cornelsen

Erarbeitet von: Roland Rink | Sachrechnen endlich verständlich! • Kl. 3–4 | Cornelsen 2023
Illustration: Liliane Oser, Hamburg

Abends auf dem Tennisplatz

Name: Datum:

5. Löse die Aufgabe. Du kannst eine Tabelle verwenden oder halbschriftlich rechnen.

Versuche die Aufgabe selber zu lösen. Wenn du einen Tipp brauchst, schau dir Video 2 an.

Video 2

6. Schreibe einen Antwortsatz.

7. Welche der beiden Lösungen passt besser zu deiner Lösung? Begründe!

Lösung 1 + Lösung 2

Telefonnummer gesucht!

Name: Datum:

Enes hat die Telefonnummer
von seinem Freund vergessen.
Er weiß noch, dass sie mit 40 anfängt.
Die anderen Ziffern sind 2, 3, 6, 7.
An die Reihenfolge erinnert er sich
aber nicht mehr.
Er versucht alle Möglichkeiten für die Reihenfolge
zu finden.

Welche Telefonnummern können es sein?

1. Lies die Sachaufgabe.
   Falls du etwas nicht verstehst, schau dir Video 1 an.

Video 1

2. Was musst du herausfinden? Unterstreiche die Frage in der Aufgabe rot.

3. Welche Informationen brauchst du zum Lösen der Sachaufgabe?
   Unterstreiche die wichtigen Informationen in der Aufgabe blau.

4. Beantworte die Fragen.

Mit welchen Ziffern fängt die Telefonnummer an?	
Wie lautet die letzte Ziffer?	
Wie viele Ziffern hat die Telefonnummer insgesamt?	

5. Finde fünf mögliche Nummernfolgen.

4	0				
4	0				
4	0				
4	0				
4	0				

Cornelsen
Erarbeitet von: Roland Rink | Sachrechnen endlich verständlich! • Kl. 3–4 | Cornelsen 2023
Illustration: Liliane Oser, Hamburg

Telefonnummer gesucht!

Name: Datum:

6. Löse die Aufgabe. Du kannst eine Tabelle nutzen.

Versuche die Aufgabe selber zu lösen. Wenn du einen Tipp brauchst, schau dir Video 2 an.

Video 2

7. Schreibe einen Antwortsatz.

---

8. Welche der beiden Lösungen passt besser zu deiner Lösung? Begründe!

Lösung 1 + Lösung 2

Lenas neues Fahrrad

KV 16

Name: Datum:

Lena möchte sich ein neues Fahrrad kaufen.
Sie hat schon 73 € gespart.
Zu ihrem Geburtstag bekommt sie von den Großeltern 25 € und von ihrer Tante 15 € geschenkt. Das Fahrrad kostet 149 €.
Lenas Eltern werden den Rest bezahlen.

Wie viel Euro bezahlen Lenas Eltern?

1. Lies die Sachaufgabe.
Falls du etwas nicht verstehst, schau dir Video 1 an.

Video 1

2. Was musst du herausfinden? Schreibe die Frage auf:

____

____

____

____

3. Welche Informationen brauchst du zum Lösen der Sachaufgabe? Unterstreiche die wichtigsten Informationen im Text rot.

4. Fülle die Tabelle aus.

So viel Geld hat Lena gespart.	
So viel Geld bekommt sie von Oma und Opa.	
So viel Geld bekommt sie von der Tante.	
So viel Geld hat Lena insgesamt zur Verfügung. Rechne plus.	
So viel Geld kostet das Fahrrad.	

Cornelsen

Erarbeitet von: Roland Rink | Sachrechnen endlich verständlich! • Kl. 3–4 | Cornelsen 2023
Liliane Oser, Hamburg: Fahrrad; Raimo Bergt, Berlin: Preisschild

Lenas neues Fahrrad

KV 16

Name: Datum:

5. Löse die Aufgabe. Du kannst schriftlich oder halbschriftlich rechnen.

Versuche die Aufgabe selber zu lösen. Wenn du einen Tipp brauchst, schau dir Video 2 an.

Video 2

6. Schreibe einen Antwortsatz.

7. Welche der beiden Lösungen passt besser zu deiner Lösung? Begründe!

Lösung 1 + Lösung 2

Bonbons verteilen

Name: Datum:

Emil und Morris haben
zusammen 16 Bonbons.

Emil sagt:
„Wenn du mir drei Bonbons abgibst,
dann haben wir gleich viele.“

Wie viele Bonbons hat jeder?

1. Lies die Sachaufgabe.
Falls du etwas nicht verstehst, schau dir Video 1 an.

Video 1

2. Was musst du herausfinden? Unterstreiche die Frage in der Aufgabe rot.

3. Welche Informationen brauchst du zum Lösen der Sachaufgabe?
Unterstreiche die wichtigen Informationen in der Aufgabe blau.

4. Fülle die Lücken aus.

gerecht | 16 | drei | gleich viele

Die Kinder haben zusammen ________ Bonbons.

Emil soll Morris ________ Bonbons abgeben.

Emil möchte, dass die Bonbons ________ verteilt sind.

Beide sollen am Ende ____________ viele Bonbons haben.

5. Spiele die Aufgabe mit einem anderen Kind nach.
Nimm Wendeplättchen oder Steckwürfel als Bonbons.

Steckwürfel:

Cornelsen

Erarbeitet von: Roland Rink | Sachrechnen endlich verständlich! • Kl. 3–4 | Cornelsen 2023
Illustration: Liliane Oser, Hamburg: Jungen; Kristina Klotz, München: Steckwürfel

Bonbons verteilen

Name: Datum:

6. Löse die Aufgabe. Du kannst eine Tabelle oder eine Skizze verwenden.

Versuche die Aufgabe selber zu lösen. Wenn du einen Tipp brauchst, schau dir Video 2 an.

Video 2

7. Schreibe einen Antwortsatz.

8. Welche der beiden Lösungen passt besser zu deiner Lösung? Begründe!

Lösung 1 + Lösung 2

Der 400-m-Lauf

KV 18

Name: Datum:

Beim 400-m-Lauf erreichte Mirko das Ziel nach 2 min 7 s.

Jannik war 12 s langsamer als Mirko.
Alina war 5 s schneller als Mirko.

Celine kam eine halbe Minute später ins Ziel als Jannik.

Wie viel Zeit benötigten die Kinder jeweils?

1. Lies die Sachaufgabe. Falls du etwas nicht verstehst, schau dir das Video an.

Video 1

2. Was musst du herausfinden? Unterstreiche die Frage in der Aufgabe rot.

3. Welche Informationen brauchst du zum Lösen der Sachaufgabe? Unterstreiche die wichtigen Informationen in der Aufgabe blau.

4. Beantworte die Fragen.

a) Welche Kinder nehmen am 400-m-Lauf teil?

____

b) Wie viel Zeit benötigte Mirko?

____

c) Wer war schneller als Mirko, wer langsamer?

____

5. Denke dir eine eigene Frage zur Aufgabe aus. Wer aus deiner Klasse kann sie beantworten?

____

____

____

Der 400-m-Lauf

Name: Datum:

6. Löse die Aufgabe. Du kannst einen Zeitstrahl verwenden. Bedenke, dass eine 1 min = 60 s und 2 min = 120 s sind.

Versuche die Aufgabe selber zu lösen. Wenn du einen Tipp brauchst, schau dir Video 2 an.

Video 2

7. Schreibe einen Antwortsatz.

8. Welche der beiden Lösungen passt besser zu deiner Lösung? Begründe!

Lösung 1 + Lösung 2

Eine sonderbare Antwort

Name: Datum:

Ein bejahrter Mann wurde gefragt,
wie alt er, sein Sohn und
sein Enkel sind.
Er antwortete: Ich und mein Sohn
sind zusammen 109 Jahre,
mein Sohn und mein Enkel sind
zusammen 56 Jahre und
ich und mein Enkel sind
zusammen 85 Jahre.

Wie alt war jeder?

1. Lies die Sachaufgabe.
Falls du etwas nicht verstehst, schau dir Video 1 an.

Video 1

2. Was musst du herausfinden? Unterstreiche die Frage in der Aufgabe rot.

3. Welche Informationen brauchst du zum Lösen der Sachaufgabe?
Unterstreiche die wichtigen Informationen in der Aufgabe blau.

4. Was stimmt? Kreuze passend an.

Aussage	**stimmt**	**stimmt nicht**	**kann ich nicht beantworten**
Ein bejahrter Mann ist ein alter Mann.			
Der alte Mann und sein Sohn sind zusammen 56 Jahre alt.			
Der alte Mann und sein Sohn sind zusammen 109 Jahre alt.			
Der Sohn und der Enkel sind zusammen 56 Jahre alt.			
Der alte Mann und sein Enkel sind zusammen 56 Jahre alt.			
Der alte Mann hat Rückenschmerzen.			
Der alte Mann und sein Enkel sind zusammen 85 Jahre alt.			

Cornelsen
Erarbeitet von: Roland Rink | Sachrechnen endlich verständlich! • Kl. 3–4 | Cornelsen 2023
Illustration: Liliane Oser, Hamburg

Eine sonderbare Antwort

KV 19

Name: Datum:

5. Löse die Aufgabe. Du kannst ein Rechendreieck verwenden.

Versuche die Aufgabe selber zu lösen. Wenn du einen Tipp brauchst, schau dir Video 2 an.

Video 2

6. Schreibe einen Antwortsatz.

7. Welche der beiden Lösungen passt besser zu deiner Lösung? Begründe!

Lösung 1 + Lösung 2

Bücher im Bücherregal

KV 20

Name: Datum:

In Claras Bücherregal stehen 168 Bücher.
Das Regal hat 3 Fächer.
In jedem Fach stehen 10 Bücher mehr als im darunter liegenden.

Wie viele Bücher stehen in jedem Fach?

1. Lies die Sachaufgabe.
Falls du etwas nicht verstehst, schau dir Video 1 an.

Video 1

2. Was musst du herausfinden? Unterstreiche die Frage in der Aufgabe rot.

3. Welche Informationen brauchst du zum Lösen der Sachaufgabe?
Unterstreiche die wichtigen Informationen in der Aufgabe blau.

4. Male ein Bild, das zu der Aufgabe passt.

5. Schreibe die Aufgabe so auf, dass ein anderes Kind sie gut verstehen kann.

Cornelsen
Erarbeitet von: Roland Rink | Sachrechnen endlich verständlich! • Kl. 3–4 | Cornelsen 2023
Illustration: Liliane Oser, Hamburg

Bücher im Bücherregal

KV 20

Name: Datum:

6. Löse die Aufgabe. Du kannst eine Tabelle verwenden.

Versuche die Aufgabe selber zu lösen. Wenn du einen Tipp brauchst, schau dir Video 2 an.

Video 2

7. Schreibe einen Antwortsatz.

8. Welche der beiden Lösungen passt besser zu deiner Lösung? Begründe!

Lösung 1 + Lösung 2

Hände schütteln

Name: Datum:

Hanno, Clara, Ida und zwei Freunde der Kinder gehen in die Ferien.

Jedes Kind verabschiedet sich von jedem mit Handschlag.

Wie viele Handschläge sind es?

1. Lies die Sachaufgabe.
Falls du etwas nicht verstehst, schau dir Video 1 an.

Video 1

2. Was musst du herausfinden? Unterstreiche die Frage in der Aufgabe rot.

3. Welche Informationen brauchst du zum Lösen der Sachaufgabe?
Unterstreiche die wichtigen Informationen in der Aufgabe blau.

4. Spiele die Aufgabe mit vier anderen Kindern nach.

5. Schreibe die Aufgabe so auf, dass ein anderes Kind sie gut verstehen kann.

6. Male ein Bild, das zur Aufgabe passt.

Cornelsen

Erarbeitet von: Roland Rink | Sachrechnen endlich verständlich! • Kl. 3–4 | Cornelsen 2023
Illustration: Liliane Oser, Hamburg

Hände schütteln

Name: Datum:

7. Löse die Aufgabe. Du kannst eine Skizze verwenden.

Versuche die Aufgabe selber zu lösen. Wenn du einen Tipp brauchst, schau dir Video 2 an.

Video 2

8. Schreibe einen Antwortsatz.

9. Welche der beiden Lösungen passt besser zu deiner Lösung? Begründe!

Lösung 1 + Lösung 2

Der Wettlauf

Name: Datum:

Clara und Hamid laufen um die Wette.

In der Zeit, in der Clara 100 m läuft, schafft Hamid 75 m.

Clara gibt Hamid 100 m Vorsprung.

Wann hat sie ihn eingeholt?

1. Lies die Sachaufgabe.
Falls du etwas nicht verstehst, schau dir Video 1 an.

Video 1

2. Was musst du herausfinden? Unterstreiche die Frage in der Aufgabe rot.

3. Welche Informationen brauchst du zum Lösen der Sachaufgabe?
Unterstreiche die wichtigen Informationen in der Aufgabe blau.

4. Setze passend in die Lücken ein.

Wettlauf 100 75 25 100 eingeholt

Clara und Hamid machen einen ____________________.

Immer wenn Clara __________ Meter läuft, schafft Hamid __________ Meter.

Clara schafft immer __________ Meter mehr als Hamid.

Clara gibt Hamid __________ Meter Vorsprung.

Wie viel Meter hat Hamid geschafft,

wenn Clara ihn ____________________ hat?

5. Male ein Bild, das zur Aufgabe passt.

Der Wettlauf

KV 22

Name: Datum:

6. Löse die Aufgabe. Du kannst ein Pfeildiagramm nutzen.

Versuche die Aufgabe selber zu lösen. Wenn du einen Tipp brauchst, schau dir Video 2 an.

Video 2

7. Schreibe einen Antwortsatz.

8. Welche der beiden Lösungen passt besser zu deiner Lösung? Begründe!

Lösung 1 + Lösung 2

Zwei Züge

Name: Datum:

Auf einem Bahnhof fahren zur gleichen Zeit zwei Züge ab.

Sie fahren in entgegengesetzte Richtungen.

Der eine fährt pro Stunde 80 km, der andere fährt pro Stunde 60 km.

Wie weit sind die beiden Züge nach $1\frac{1}{2}$ Stunden voneinander entfernt?

1. Lies die Sachaufgabe.
Falls du etwas nicht verstehst, schau dir Video 1 an.

Video 1

2. Was musst du herausfinden? Unterstreiche die Frage in der Aufgabe rot.

3. Welche Informationen brauchst du zum Lösen der Sachaufgabe?
Unterstreiche die wichtigen Informationen in der Aufgabe blau.

4. Schreibe die Aufgabe so auf, dass ein anderes Kind sie gut verstehen kann.

5. Male ein Bild, das zur Aufgabe passt.

Cornelsen

Erarbeitet von: Roland Rink | Sachrechnen endlich verständlich! • Kl. 3–4 | Cornelsen 2023
Illustration: Liliane Oser, Hamburg

Zwei Züge

Name: Datum:

6. Löse die Aufgabe. Du kannst eine Skizze verwenden.

Versuche die Aufgabe selber zu lösen. Wenn du einen Tipp brauchst, schau dir Video 2 an.

Video 2

7. Schreibe einen Antwortsatz.

____

____

____

8. Welche der beiden Lösungen passt besser zu deiner Lösung? Begründe!

Lösung 1 + Lösung 2

Die seltsame Erbschaft

KV 24

Name: Datum:

Ein Bauer hatte vor seinem Tode festgelegt, dass der älteste Sohn Harun die Hälfte, der mittlere Sohn Omar ein Viertel und der jüngste Sohn Salem ein Achtel seiner Habe bekommen sollte.

Als die Söhne nun nach dem Tod des Vaters die Erbschaft aufteilen sollte, sagte Harun: „Die 7 Kamele lassen sich so nicht verteilen." Da kam ein kluger Scheich auf einem Kamel daher geritten. Die drei Söhne erzählten ihm die schwierige Aufgabe und erbaten seine Hilfe.

Der Scheich stellte sein eigenes Kamel zu den sieben und sagte: „Dies sind jetzt 8 Kamele, die könnt ihr verteilen." Beim Teilen blieb das Kamel des Scheichs übrig. So konnte er wieder aufsitzen und weiterreiten – vom Dank der Söhne überschüttet.

1. Lies die Sachaufgabe.
Falls du etwas nicht verstehst, schau dir Video 1 an.

Video 1

2. Was musst du herausfinden? Finde eine Frage und schreibe sie auf.

3. Welche Informationen brauchst du zum Lösen der Sachaufgabe?
Unterstreiche die wichtigen Informationen in der Aufgabe blau.

4. Beantworte die Fragen.

a) Welchen Anteil bekommen die Söhne?

Harun: Omar: Salem:

b) Wie viele Kamele vererbt der Bauer an seine Söhne?

Cornelsen
Erarbeitet von: Roland Rink | Sachrechnen endlich verständlich! • Kl. 3–4 | Cornelsen 2023
Illustration: Liliane Oser, Hamburg

Die seltsame Erbschaft

KV 24

Name: Datum:

5. Löse die Aufgabe. Du kannst eine Tabelle oder eine Skizze verwenden.

Versuche die Aufgabe selber zu lösen. Wenn du einen Tipp brauchst, schau dir Video 2 an.

Video 2

6. Schreibe einen Antwortsatz.

7. Welche der beiden Lösungen passt besser zu deiner Lösung? Begründe!

Lösung 1 + Lösung 2

Das Märchenbuch

Name: Datum:

Amira liest Hanno und Merle aus einem Märchenbuch vor.

Am Abend beendet sie das Vorlesen auf der Seite 169.

Das ist eine rechte Buchseite.

Das Märchen endet auf der Seite 230.

Wie oft muss Amira noch umblättern?

1. Lies die Sachaufgabe.
Falls du etwas nicht verstehst, schau dir Video 1 an.

Video 1

2. Was musst du herausfinden? Unterstreiche die Frage in der Aufgabe rot.

3. Welche Informationen brauchst du zum Lösen der Sachaufgabe?
Unterstreiche die wichtigen Informationen in der Aufgabe blau.

4. Beantworte die Fragen.

a) Wie viele Seiten liegen insgesamt zwischen 169 und 230?

____

b) Ist 230 eine gerade oder eine ungerade Zahl?

____

c) Ist 169 eine gerade oder eine ungerade Zahl?

____

d) Suche dir ein dickes Buch. Sind alle ungeraden Seiten eine rechte Seite?

____

e) Sind alle geraden Seiten eine linke Seite?

____

Cornelsen
Erarbeitet von: Roland Rink | Sachrechnen endlich verständlich! • Kl. 3–4 | Cornelsen 2023
Illustration: Liliane Oser, Hamburg

Das Märchenbuch

Name: Datum:

5. Löse die Aufgabe. Du kannst eine Tabelle verwenden.

Versuche die Aufgabe selber zu lösen. Wenn du einen Tipp brauchst, schau dir Video 2 an.

Video 2

6. Schreibe einen Antwortsatz.

7. Welche der beiden Lösungen passt besser zu deiner Lösung? Begründe!

Lösung 1 + Lösung 2

Der Teufel und der arme Mann

KV 26

Name: Datum:

Der Teufel sagte zu einem armen Mann:

„Wenn du über diese Brücke gehst, will ich dein Geld verdoppeln, doch musst du jedes Mal, wenn du zurückkommst, 8 Taler für mich ins Wasser werfen.“ Als der Mann das dritte Mal zurückkehrte, hatte er keinen blanken Heller mehr.

Wie viel hatte er anfangs?

1. Lies die Sachaufgabe.
Falls du etwas nicht verstehst, schau dir Video 1 an.

Video 1

2. Was musst du herausfinden? Unterstreiche die Frage in der Aufgabe rot.

3. Welche Informationen brauchst du zum Lösen der Sachaufgabe? Unterstreiche die wichtigen Informationen in der Aufgabe blau.

4. Kreuze passend an.

Aussage	stimmt	stimmt nicht	kann ich nicht beantworten
Der Teufel will das Geld verdreifachen.			
Der Teufel will das Geld verdoppeln.			
Verdoppeln bedeutet „mal zwei“ rechnen.			
Ein Heller ist ein alter Begriff für eine Münze.			
Der Bauer muss immer 8 Taler ins Wasser werfen.			
Der Bauer muss immer 4 Taler ins Wasser werfen.			
Der Teufel hat rote Haare.			
Nach dem dritten Mal hat der arme Mann kein Geld mehr.			

Der Teufel und der arme Mann

Name: Datum:

5. Löse die Aufgabe. Du kannst eine Tabelle verwenden.

Versuche die Aufgabe selber zu lösen. Wenn du einen Tipp brauchst, schau dir Video 2 an.

Video 2

6. Schreibe einen Antwortsatz.

7. Welche der beiden Lösungen passt besser zu deiner Lösung? Begründe!

Lösung 1 + Lösung 2

Dornröschen und die Hecke

Name: Datum:

Dornröschen hat sich an der Spindel gestochen und schläft 100 Jahre. Um das Schloss wächst eine Hecke. Im ersten Jahr wächst sie einen halben Meter. In den darauffolgenden Jahren wächst sie immer um die Höhe, die die Hecke in dem Jahr davor erreichte.

Wie hoch ist die Hecke nach sechs Jahren?

1. Lies die Sachaufgabe.
Falls du etwas nicht verstehst, schau dir Video 1 an.

Video 1

2. Was musst du herausfinden? Unterstreiche die Frage in der Aufgabe rot.

3. Welche Informationen brauchst du zum Lösen der Sachaufgabe? Unterstreiche die wichtigen Informationen in der Aufgabe blau.

4. Beantworte die Fragen.

a) Wie viele Jahre schläft Dornröschen?

____

b) Wie hoch wächst die Hecke im ersten Jahr?

____

5. Erkläre einem anderen Kind diesen Satz: „In den darauffolgenden Jahren wächst sie immer um die Höhe, die die Hecke in dem Jahr davor erreichte."

Schreibe deine Erklärung auf.

____

____

____

____

Cornelsen
Erarbeitet von: Roland Rink | Sachrechnen endlich verständlich! • Kl. 3–4 | Cornelsen 2023
Illustration: Liliane Oser, Hamburg

Dornröschen und die Hecke

Name: Datum:

6. Löse die Aufgabe. Du kannst eine Tabelle verwenden.

Versuche die Aufgabe selber zu lösen. Wenn du einen Tipp brauchst, schau dir Video 2 an.

Video 2

7. Schreibe einen Antwortsatz.

8. Welche der beiden Lösungen passt besser zu deiner Lösung? Begründe!

Lösung 1 + Lösung 2

Dornröschen und die Prinzen

KV 28

Name:	Datum:

Dornröschen schläft 100 Jahre. Sie kann nur durch einen Kuss von einem Prinzen geweckt werden. In den ungeraden Jahren kommen 10 Prinzen und in den geraden Jahren versuchen es 15 Prinzen. Aber erst im 100. Jahr schafft es ein Prinz. Wie viele Prinzen würden dann auf jeden Fall vergeblich kommen?

Der wie vielte Prinz könnte es schaffen?

1. Lies die Sachaufgabe.
Falls du etwas nicht verstehst, schau dir Video 1 an.

Video 1

2. Was musst du herausfinden? Unterstreiche die Frage in der Aufgabe rot.

3. Welche Informationen brauchst du zum Lösen der Sachaufgabe?
Unterstreiche die wichtigen Informationen in der Aufgabe blau.

4. Beantworte die Fragen.

Wie viele Jahre schläft Dornröschen?	
Wie viele Prinzen kommen im ersten Jahr?	
Wie viele Prinzen kommen im zweiten Jahr?	
Wie viele Prinzen sind nach dem ersten und zweiten Jahr insgesamt gekommen?	
Wie viele Prinzen kommen im dritten Jahr?	
Wie viele Prinzen sind am Ende des dritten Jahres insgesamt gekommen?	

5. Erkläre: Was bedeutet ungerades Jahr, was bedeutet gerades Jahr?

Cornelsen
Erarbeitet von: Roland Rink | Sachrechnen endlich verständlich! • Kl. 3–4 | Cornelsen 2023
Illustration: Liliane Oser, Hamburg

Dornröschen und die Prinzen

KV 28

Name: Datum:

6. Löse die Aufgabe. Du kannst eine Tabelle verwenden.

Versuche die Aufgabe selber zu lösen. Wenn du einen Tipp brauchst, schau dir Video 2 an.

Video 2

7. Schreibe einen Antwortsatz.

8. Welche der beiden Lösungen passt besser zu deiner Lösung? Begründe!

Lösung 1 + Lösung 2

Die Bremer Stadtmusikanten

KV 29

Name: Datum:

Der Esel ist bis zum Rücken 1,50 m hoch.
Darauf steht der Hund.

Die Katze ist 10 cm kleiner als der Hahn und der Hahn ist 3-mal kleiner als der Esel.
Zusammen erreichen sie eine Höhe von 3 m.

Wie groß ist der Hund?

1. Lies die Sachaufgabe.
Falls du etwas nicht verstehst, schau dir Video 1 an.

Video 1

2. Was musst du herausfinden? Unterstreiche die Frage in der Aufgabe rot.

3. Welche Informationen brauchst du zum Lösen der Sachaufgabe?
Unterstreiche die wichtigen Informationen in der Aufgabe blau.

4. Beantworte die Fragen.

Wie hoch ist der Esel?	
Wie groß ist der Hahn?	
Wie groß ist die Katze?	
Wie hoch sind alle Tiere übereinander?	

5. Male ein Bild, das zu der Aufgabe passt.

Name: Datum:

6. Löse die Aufgabe. Du kannst eine Skizze verwenden.

Versuche die Aufgabe selber zu lösen. Wenn du einen Tipp brauchst, schau dir Video 2 an.

Video 2

7. Schreibe einen Antwortsatz.

8. Welche der beiden Lösungen passt besser zu deiner Lösung? Begründe!

Lösung 1 + Lösung 2

Cornelsen

Erarbeitet von: Roland Rink | Sachrechnen endlich verständlich! • Kl. 3–4 | Cornelsen 2023
Illustration: Liliane Oser, Hamburg

LÖSUNGEN ZU DEN SACHAUFGABEN IM ÜBERBLICK

- **KV1:** Die Ameise kommt Sonntag wieder in A an. (Beliebter Fehler; die Kinder lassen die Ameise nochmal zurückwehen. Daher kommt oftmals auch Montag als Lösung raus.)
- **KV2:** Die Schnecke erreicht am sechsten Tag den Brunnenrand.
- **KV3:** Ja, die Aussage stimmt. Die Klasse wandert pro Stunde 2 km.
- **KV4:** Wenn der Sohn 32 Jahre alt ist, dann ist der Vater 64 Jahre alt.
- **KV5:** Es sind 6 Fliegen und 9 Pferde.
- **KV6:** Es sind 5 Kaninchen und 9 Hühner.
- **KV7:** Das Band war vor dem Zerschneiden 9 m lang.
- **KV8:** Simon füllt den 5 Liter Topf voll. Von dem 5 Liter Topf füllt er soviel in den 3 Liter Topf, bis dieser voll ist. Der Rest im 5 Liter Topf beträgt dann 2 Liter.
- **KV9:** Hier sind mehrere Lösungen denkbar. Wichtig ist, dass von jeder Busgröße mindestens ein Bus gebucht wird. Eine Lösung wäre somit zwei 40er, drei 50er und ein 60er Bus. Mit den Kindern könnte dann noch im Anschluss diskutiert werden, ob es mehr Sinn macht, weniger größere Busse oder mehrere kleinere Busse zu nehmen. Man kann Themen wie beispielsweise den Umweltfaktor mit in die Diskussion einfließen lassen.
- **KV10:** Jette muss vier Minuten warten. Da in der Aufgabe steht „ungefähr“, könnte es sein, dass manche Kinder einen Schätzwert angeben. Hier wäre die Begründung aber wichtig, wie sie auf den Schätzwert gekommen sind.
- **KV 11:** Sila hat 600 Meter zurückgelegt und Ella 300 Meter.
- **KV 12:** Es sind noch 74 Liter im Weinfass.
- **KV 13:** 48 Kerzen
- **KV 14:** Jedes Kind sammelt 56 Bälle ein.
- **KV 15:** Es gibt 24 verschiedene Möglichkeiten
- **KV 16:** Lenas Eltern müssen noch 36 Euro bezahlen.
- **KV 17:** Ein Kind hat 11 Bonbons und das andere Kind hat 5 Bonbons.
- **KV 18:** Mirko – 2 min 7 s/ Alina - 2 min 12 s/ Celine - 2 min 25 s/ Jannik - 1 min 55s
- **KV 19:** Der bejahrte Mann ist 69 Jahre alt, sein Sohn 40 Jahre und sein Enkel 16 Jahre.
- **KV 20:** Im unteren Fach stehen 46 Bücher, im darüber liegenden 56 Bücher und im oberen 66 Bücher.
- **KV 21:** Es gibt 10 Handschläge
- **KV 22:** Nach 400 Metern hat Clara Hamid eingeholt.
- **KV 23:** Die Züge sind dann 210 km voneinander entfernt.
- **KV 24:** Der älteste Sohn Harun bekommt 4 Kamele, der mittlere Sohn Omar 2 und der jüngste Sohn Salem 1 Kamel.
- **KV 25:** Amira muss noch 31-mal umblättern.
- **KV 26:** Anfangs hatte der arme Mann 7 Taler.
- **KV 27:** Nach 6 Jahren ist die Hecke 16 m hoch.
- **KV 28:** 1235 Prinzen kommen auf jeden Fall vergeblich. Von den 15 Prinzen, die im 100. Jahr kommen, könnte einer der Retter sein, also vom 1236. Prinz bis zum 1250. Prinz wäre er zu finden.
- **KV 29:** Der Hund ist 60 cm groß.

ÜBERSICHT ÜBER DIE VIDEOS

Hinweis: Zu jeder Kopiervorlage gibt es zwei Webcodes bzw. QR-Codes. Die beiden Videos zur Aufgabenstellung sind unter einem Webcode bzw. QR-Code zusammengefasst, die beiden Videos mit den Lösungen in einem weiteren Webcode bzw. QR-Code.

Seite	Kopiervorlage - Bezeichnung	Webcode/QR-Code Lernvideos	Webcode/QR-Code Lösungen
28	**KV 1:** Die Ameise auf dem Quadrat	meviyi	raseqa
30	**KV 2:** Die Schnecke im Brunnen	wutipa	fisagu
32	**KV 3:** Die Wanderung	jayiso	xacafi
34	**KV 4:** Vater und Sohn	sohumu	yajuya
36	**KV 5:** Pferde und Fliegen im Stall	rogupa	ginupo
38	**KV 6:** Tiere auf dem Bauernhof	yazevo	bifonu
40	**KV 7:** Das zerschnittene Band	dovezi	tofavi
42	**KV 8:** Der Kinderpunsch	cujuje	temahu
44	**KV 9:** Die Schule Sonnenschein auf Wanderfahrt	wujiho	bokayu
46	**KV 10:** Jette steht an der Rutsche	buhahi	sicosu
48	**KV 11:** Ella und Sila treffen sich	vuvopo	meqega
50	**KV 12:** Weinflaschen	suqami	yawezi
52	**KV 13:** Geburtstagstorte mit Kerzen	xiqedi	tubibo
54	**KV 14:** Abends auf dem Tennisplatz	dibero	kaxiga

Seite	Kopiervorlage - Bezeichnung	Webcode/QR-Code Lernvideos	Webcode/QR-Code Lösungen
56	**KV 15:** Telefonnummer gesucht!	pumazo	buyuje
58	**KV 16:** Lenas neues Fahrrad	foguyu	jaceyi
60	**KV 17:** Bonbons verteilen	wumeho	keqawu
62	**KV 18:** Der 400-m-Lauf	gupoqe	bobiho
64	**KV 19:** Eine sonderbare Antwort	xejijo	siwaxo
66	**KV 20:** Bücher im Bücherregal	zipuju	mofijo
68	**KV 21:** Hände schütteln	wategu	hajore
70	**KV 22:** Der Wettlauf	patafu	nopiha
72	**KV 23:** Zwei Züge	fomuwo	hazoqo
74	**KV 24:** Die seltsame Erbschaft	jipixa	ruduri
76	**KV 25:** Das Märchenbuch	pogevu	fuwaxa
78	**KV 26:** Der Teufel und der arme Mann	govibe	zehine
80	**KV 27:** Dornröschen und die Hecke	vafawi	zomaku
82	**KV 28:** Dornröschen und die Prinzen	todisi	mabati
84	**KV 29:** Die Bremer Stadtmusikanten	kuqiji	dehuqa